창조의 선물

지은이 이창우
초판발행 2013년 12월 28일

펴낸이 배용하
책임편집 윤순하
등록 제364-2008-000013호
펴낸곳 도서출판 대장간
www.daejanggan.org
등록한곳 대전광역시 동구 삼성동 285-16
편집부 전화 (042) 673-7424
영업부 전화 (042) 673-7424 전송 (042) 623-1424

ISBN 978-89-7071-314-4

이 책은 저작권법에 의해 보호를 받는 출판물입니다.
기록된 형태의 허락 없이는 무단 전재와 복제를 금합니다.

값 8,000원

키에르케고르의 선물에 대한 단상

창조의 선물
The Gift Of Creation

이 창 우

차 례
contents

Chapter 1 · 창조

1) 창조는 계속된다 / 9
2) 하나님의 사랑은 불행이다 / 14
3) 진리의 교사는 예수님이시다 / 19
4) 영원은 순간이 된다 / 28
5) 하나님이 사람이 된다 / 36

Chapter 2 · 실족

1) 초대에 응답하라 / 43
2) 안식하라 / 47
3) 실족하지 않는 자는 복이 있다 / 52
4) 역사는 그리스도를 증명할 수 없다 / 59
5) 예수 그리스도는 신앙과 실족의 대상이다 / 64
6) 불행의 시대가 되다 / 68
7) 실족을 교육하자! / 76

Chapter 3 · 존재론적 진공

1) 불안은 타락이 된다 / 83
2) 타락은 존재의 결핍으로 나타난다 / 89
3) 결핍은 이웃의 것을 탐하게 한다 / 92
4) 가인은 아벨을 '보고' 분노한다 / 94
5) 시기는 살인을 부른다 / 100
6) 문화의 기원은 살인이다 / 105
7) 예배하지 않는 자는 분노한다 / 111

Chapter 4 · 선물

1) 삶은 하나님이 주신 의무이다 / 120
2) 최고의 기쁨은 선물이다 / 127
3) 완전한 선물은 받을 수 없다 / 134
4) 완전한 선물은 회개와 감사로 받을 수 있다 / 141
5) 지식이 세상에 들어와 사람을 슬프게 한다 / 152
6) 창조의 선물 / 157

결론 / 170

chapter 1 · 창조

1) 창조는 계속된다

하나님께서는 이 세상 만물을 아름답게 창조하셨다. 그리고 지으신 모든 것을 보시고 "보시기에 참 좋았다"창1:31라고 말씀하신다. 이것을 믿지 않는 자는 그리스도인이 아니다. 그런데 이 하나님의 창조는 태초에 그렇게 끝난 것일까? 세상은 완전한 창조 속에 있는 것일까? 하나님의 창조가 완전했고 더 이상의 창조는 없다고 주장하는 이들도 있지만, 나는 하나님께서는 과거에 이 세상 만물을 창조하셨지만, 창조는 끝난 것이 아니라 지금도 창조하고 계시다고 믿고 있다.[1] 물론, 오해가 없기를 바란다. 모든 만물이 계속적 창조가 진행되고 있다고 믿는 신학자도 있다.[2] 그러나 나는 거기까지 주장하는 것은 아니다.

창세기 말씀이 우리에게 가르치는 것은 "하나님은 창조자였다"

---

1) Charles K. Bellinger, *The Genealogy of Violence* (Oxford University Press, 2001) pp. 28~31.
2) 과정신학이 그 예일 것이다.

는 것이 아니라, 하나님은 창조자이시며 창조는 하나님이 하고 계시는 일이라는 것이다.[3] 이 창조는 세상 만물 속에 있는 것이 아니라, 우리 자신 속에 역사하는 창조일 것이다. 또한, 예수 그리스도는 말씀이시며 말씀을 통해서 모든 만물이 생겼다는 것이다. 그러므로 인간의 역사 속으로 주님께서 오신 것은 창조라는 그의 사역을 완성하시기 위함이다. 흔히, 창조가 끝났다고 생각하는 것은 잘못된 생각이다. 만약 창조가 끝났다고 생각한다면, 인간이 가장 큰 문제가 된다. 불완전한 인간은 완전한 창조물에 들어갈 수가 없기 때문이다. 따라서 인간만은 하나님께서 완전한 존재가 되도록 자유의 가능성을 주신 것이다. 이 자유의 가능성으로 하나님의 창조에 동참하든가 거부하게 하게 된다. 그리고 인간이 창조에 동참하지 못하고 회피할 때, 우리는 그것을 '타락'이라고 부른다.[4] 이 창조는 인간 안에서의 창조이지 인간 밖에서의 창조가 아니다.

인간만이 이 창조의 소리를 듣고 반응할 수 있다. 이런 관점에서, 하나님의 말씀은 창조를 위해 존재한다. 왜 인간만이 반응할 수 있는가? 다른 모든 세계는 하나님이 완전하게 창조하셨기 때문이고 새로운 창조에 동참하도록 초청한 것은 인간뿐이기 때문이다. 하나님께서 새 창조를 위해 인간을 초대하신 것이다. 하나님께서 이 창조에 초대하시며 인간에게 요구하시는 것은 무엇일까? 그리고 창

---

[3] John Milbank 역시 계속된 창조의 교리를 주장하고 있다: *Theology and Social Theory* (Cambridge: Basil Blackwell, 1991), p. 305 and pp. 423-427.
[4] Paul Tillich, *Systematic Theology* Ⅱ (Chicago: The University of Chicago Press, 1957), 29. 타락에 대한 자세하나 설명은 이 책을 참조하기 바란다. 혹은, 앞의 책 *The Genealogy of Violence*, 39.

조의 완성은 무엇일까? 창세기의 이야기처럼, 창조의 소리는 하나님의 형상을 목표로 하고 있다. "하나님의 형상"이라는 크기가 얼마나 큰 비전인지 인간이 알 수 있을까? 하나님의 형상은 인간이 생각할 수 있는 영역이 아니다. 눈에 보이는 모습이 하나님과 닮았다는 의미 정도로 생각하면 안 된다. 창세기에 나와 있는 하나님의 형상은 단순히 보이는 모습이 닮았다는 얘기가 아니라, 보이지 않는 영역에서 하나님을 닮았다는 의미이다. 하나님은 눈에 보이지 않는 분이시고, 눈에 보이지 않는 하나님을 인간이 닮았다면 눈에 보이지 않는 어떤 영역에서 하나님의 형상을 찾아야 한다. 그리고 이 창조의 비전이 성취되기 위해서는 인간은 창조의 소리인 말씀에 귀를 기울여야 한다. 문제는 인간이 하나님의 말씀을 들을 수 있는가이다. 말씀을 "들음" 없이 창조는 없다. 말씀을 듣고 반응해야 하는 삶이 우리의 최대의 과제라 하겠다.

물론, "들음"에 대하여 더 자세하게 생각해 보겠지만, 이 "들음"은 일종의 초대와도 관련된다. 이 들음은 항상 생명과 죽음의 갈림길에서의 들음이다. 단순히 친구나 동료들과 대화하면서 듣는다는 의미에서 들음이 아니다. 암환자가 암 말기의 진단을 받고 살기 위해서 어떻게 해야 하는지를 의사로부터 듣는다면 그의 들음은 일상의 생활에서 느껴지는 그런 들음은 아닐 것이다. 말씀의 들음은 그 이상의 의미를 담고 있기 때문에 진지하다. 그렇기 때문에 이러한 들음에서 진지함이 생략된다는 것은 있을 수 없다.

그러면, 야고보서 말씀을 통해서 이것을 조금 더 깊이 있게 생각해 보도록 하겠다. 야고보서의 말씀에 "듣기를 속히 하라"고 말씀하신다.약1:19 그러면 듣기를 속히 하라고 했을 때, 우리가 들어야 하는 것은 무엇일까? 의심스러웠던 대화일까? 혹은, 사람의 의견일까? 혹은, 죽어가는 사람의 도움을 요청하는 목소리일까? 혹은, 믿는 사람들의 전도하는 소리일까? 문맥상 절대로 그런 소리는 아닐 것이다. 앞뒤 문맥을 통해서 우리가 짐작할 수 있는 것은 그 소리가 하나님의 말씀이라는 것이다. 그런데 왜 말씀을 속히 들어야 할까? 우리가 바쁜 일상생활에 매몰되어 있을 때는 이 말씀의 소리를 들을 수 없기 때문이다. 시대는 점점 더 빠르게 성장하여 의사소통의 수단은 가장 빠른 속도로 성장하였다. 그래서 의사소통의 수단은 시공을 초월하고 있다. 이제는 단지 전화의 기능이 아닌, 스마트폰으로 의사소통을 하며 시공을 초월하여 대화하고 만남이 이루어지는 것이 현 세대이다. 그럼에도 불구하고 의사소통의 내용은 날이 가면 갈수록 현저히 그 질이 떨어져 가고 있다. 어떤 시대보다도 더 많은 말, 더 많은 표현이 증가했음에도 불구하고 서로를 이해함에 있어서는 그 한계를 드러내고 있다.5) 우리는 더욱 더 인간 사이의 의사소통에서도 한계를 경험하고 있다. 우리는 하나님의 말씀을 듣기 위해서, 참된 의사소통을 경험하기 위해서라도 침묵해야 한다. 침묵을 창조하라! 그리고 하나님의 말씀을 들어야 하는 위치로 우리 자신을 만들어야 한다. 많은 의사소통의 도구들이 만들어진 현

---

5) Søren Kierkegaard, *For Self-Examination/ Judge For Yourself*! Howard V. Hong, Edna H. Hong 역 (Princeton: Princeton University Press, 1990), 147.

세대야말로 더욱 더 하나님의 말씀을 듣기 위해 귀를 기울여야 하는 시대가 왔다.

하나님의 말씀을 듣지 않는 한, 새로운 창조는 불가능 하다. 하나님께서는 사람이 하나님의 형상을 회복하기까지 그의 창조를 이끌어갈 것이다. 하나님이 선택하신 창조의 자리는 바로 당신 자신이다. 하나님께서는 바로 당신이 주인공 되기를 원하신다. 그런데 이 창조는 단순한 창조가 아니다. 하나님의 형상을 완성하는 일이며 진리를 담는 그릇으로서의 창조이다. 이 창조를 위하여 하나님은 결단하셨다. 하나님이 독생자를 버리기로 결단하신 그것은 다름 아닌, 우리 자신이 하나님의 형상을 회복하기까지 "진리의 그릇"으로 창조하겠다는 결단이다. 하나님께서 새로운 창조를 하기 위해서 하나님은 사랑으로 우리를 낳고자 결단하셨다. 이 세상의 부모도 사랑으로 당신을 낳는다. 만약, 부모가 사랑으로 당신을 낳고 키우지 않았다면 그것은 얼마나 큰 불행일까? 육신으로 연결된 부모와 자식 관계도 이렇게 사랑을 기초로 한다. 하물며 하나님께서 당신을 낳으실 때, 사랑으로 낳지 않았겠는가? 이 하나님의 사랑은 세상의 사랑과 비교할 수 없다. 근본적 출발점이 다르기 때문이다. 만약 조금이라도 세상적인 사랑이야기와 비교한다면, 그는 실족하게 될 것이다. 나는 하나님의 사랑을 인간적인 언어로 서술할 수 없다고 본다. 그럼에도 불구하고 하나님의 사랑을 이해할 수 있는 범위로 끌어 들이고자 한다. 사랑이 새 창조의 원동력이기 때문이다. 하나님의 사랑을 조금이라도 이해할 수 있다면 얼마나 좋을까?

2) 하나님의 사랑은 불행이다

하나님의 사랑에 조금 더 접근하기 위해 다른 설명을 해 보겠다. 행복한 사랑은 언제 불행으로 바뀔까? 사랑하지만 하나 될 수 없을 때일까? 혹은, 사랑하지만 이해할 수 없을 때일까?

사랑하지만, 서로 하나가 될 수 없을 때에도 사랑의 불행을 경험하는 것은 사실이다. 그러나 진심으로 사랑했지만 이해받기는커녕 바로 그 상대 때문에 죽임을 당했다면 이보다 더 불행한 사랑이 있을까?

하나님 사랑의 불행은 사랑하지만 "하나 될 수 없음"에서 오는 것이 아니라, 사랑하지만 "이해받지 못함"에서 온다. 하나님은 사랑으로 우리를 낳으시고, 바로 당신을 낳으신다. 그런데 사람은 이 사랑을 이해하지 못했다. 나는 지금도 하나님의 이러한 이해 받지 못한 사랑이 진행되고 있다고 본다. 세상이 이 사랑을 이해하지 못했다는 것을 드러낸 사건이 바로 예수님의 십자가 사건이다. 하나님의 사랑을 올바로 이해했다면, 우리 안에 새로운 창조를 위해 준비하신 하나님의 충만한 사랑을 이해했다면, 절대로 예수님을 십자가에 못 박지 않았을 것이다. 요즘은 어떨까? 기독교 안에서는 이 십자가가 제대로 이해되고 있을까? 예나 지금이나 십자가는 우리에게 걸림돌이 되고 있다. 이 걸림돌을 넘어서지 않고는 믿음에 이를 수 없다. 그럼에도 불구하고 현대에는 십자가가 왜 실족의 대상이 되어야 하는지를 설명하지 않고 제거하고 말았다.

당신은 짝사랑 경험이 있는가? 왜 짝사랑은 마음이 아플까? 나는 상대를 사랑하지만, 상대방은 내 마음을 이해하지 못하기 때문이다. 만약, 당신이 짝사랑하는 상황 속에서 상대가 여러분에게 고운 말은커녕 온갖 비난과 저주까지 퍼붓는다면 그때는 어떻게 하겠는가? 당신은 계속 사랑하겠는가? 아마 사랑을 유지하는 일은 가장 어려운 일이 될 것이다. 사랑할 수 있다고 생각해 보자. 그러면 그 짝사랑 때문에, 온갖 비난과 저주까지 받을 뿐만 아니라, 바로 그 상대가 나를 죽음의 자리까지 끌고 간다면 당신은 그때도 한결같은 사랑을 할 수 있을까? 아마 죽는 그 순간에 저주하지는 않을까? 물론, 나는 인간적인 의미에서 사랑의 의미를 찾고 있다. 아마 이런 상황에서 똑같이 사랑한다는 것은 어려운 일일 것이다.

어쨌든, 나는 사랑의 관계에서 진정한 비극은 사랑하지만 "하나 될 수 없음"에서 오는 것이 아니라, 사실은 사랑하지만 상대가 그 사랑을 이해하지 못했을 때 온다는 것을 말하려 하는 것이다. 만약, 어떤 상황에서도 한결같은 사랑을 해야만 한다면, 그때는 고난을 각오해야 한다. 왜냐하면, 고난을 만들고 있는 것이 사랑이기 때문이고, 그 사랑이 처음 낳는 자식이 고난이기 때문이다.[6] 만약 이런 사랑을 하기로 결단한다면, 이 얼마나 고통스러운 결단일까? 사랑이 고난을 낳는다니! 나는 또한 하나님의 사랑이 고난이라고 말하기 위해서 여기까지 왔다. 아마도 인간적인 사랑을 말하려면, 고난이라기보다는 낭만으로 말하기를 더 좋아할 것이다. 하나님의 사랑이 고난이라니, 천국에는 고난이 있다는 말인가? 인간적으로 말하

---

[6] Søren Kierkegaard, 「철학의 부스러기」 표재명 역 (서울: 프리칭아카데미, 2007), p. 67.

면, 천국에는 하나님의 슬픔도 있다고 말해야 할 것이다. 아마도 이런 이야기들은 전통 신학에서는 인정하기 어려운 이야기인지도 모른다. 왜냐하면 전능하신 하나님께서 슬퍼하신다는 것은 있을 수도 없는 이야기이기 때문이다.[7] 그러나 인간적으로 말하려 하는 것이다. 가장 인간적으로 말해서 하나님의 사랑은 비극이고 불행이다.[8]

이렇게 진리를 낳기까지 수고할 수밖에 없는 수난이 예수 그리스도의 삶의 본질이다. 이 모든 고난, 이 고난을 낳는 것은 사랑이다. 그의 창조를 완성하시고자 하나님께서는 가장 미천한 신분이 되기까지 낮추셨다. 이것이 진리가 이 세상에 온 방식이다! 절대 영웅 이야기가 아니다!

그러나 사람은 이런 방식의 진리를 좋아하지 않는다. 나는 교회에서 사람들에게 메시야에게 대해서 생각하고 있는 모습을 써보라고 시킨 적이 있다. 대부분은 영웅적 메시야 상을 제시했다. 많은 영성 운동에서도 기적을 강조한다. 병든 자가 낫고, 없던 돈도 생기고, 가정은 계속적으로 기적의 산물을 만들에 내는 장소로 돌변한다. 이러한 영웅적 메시야 상은 대중문화에서도 나타난다. 슈퍼맨, 배트맨, 스파이더맨, 아이언맨 등의 할리우드 영화의 주제들이다. 이 영화 역시 영웅 스토리를 갖고 있고, 우리가 원하는 메시야 상을 갖고 있다. 우리는 현대의 문화에 물들어 있는지도 모른다.

---

[7] 십자가의 수난에 대하여 조금 더 심도 깊은 생각을 원한다면 몰트만의 책을 참조하기 바란다. 『삼위일체와 하나님의 나라』, 김균진 역. 서울: 대한기독교출판사, 2012. 혹은 『십자가에 달린 하나님』, 김균진 역. 서울: 한국신학연구소, 2005.
[8] 키에르케고르, 『철학의 부스러기』 표재명 역 (서울: 프리칭아카데미, 2007), p. 58.

아마 벌써 이 글을 읽고 있는 독자가 이미 불만을 품고 있는지도 모른다. 비참한 사랑의 이야기를 좋아하지 않기 때문이다. 그러나 기독교의 십자가의 사랑은 어떠한 사랑인가? 하나님은 죽었다. 니체는 "신은 죽었다"고 선포했다. 맞는 말이다. 정말로 신은 죽었다. 십자가 사건은 하나님이 죽은 사건이다. 그러나 이 죽음은 니체가 선포한 신의 죽음하고는 완전히 다른 의미에서 "신의 죽음"이다. 무엇 때문에 죽었는가? 사랑 때문에 죽었다. 성경은 영웅적 메시야를 말하고 있는 것이 아니라, 완전히 힘없이 죽어버린 메시야를 말하고 있다. 그래서 현대인들은 이러한 비극의 이야기를 애써 포장하여 예수 그리스도를 영광으로 옷 입히고, 할리우드 영웅처럼 바꾸어 놓기를 원한다. 그의 기적, 가르침, 병 고침에 초점을 맞추기 원하지 비극적 사랑의 이야기에는 관심을 갖지 않는다. 그러나 나는 이러한 담론들에 이의를 제기하고 있다. 그리고 가장 비천함 속에 예수 그리스도의 이야기를 담으려 한다.

비극적 사랑을 더 강조하기 위해 더 이야기를 진행시켜 보자. 하나님께서는 인간 안에 이 진리를 심기 원하신다. 그러니 인간은 이 진리를 담을 수 있는 "그릇"이 될 수 있을까? 나는 비유를 들어서 설명해 보고자 한다.

떡갈나무 열매를 토기에 심으면 토기는 깨지고 만다. 새 포도주를 헌 가죽 부대에 담으면 터지고 만다. 그런데 만일 하나님께서 스스로를 깨지기 쉬운 인간이라는 그릇9) 안에 옮겨 심는다면 하나님이

---

9) 고후 4:7- "우리는 이 보물을 질그릇에 간직하고 있습니다." 그러나 이 그릇은 하나님

진리이니까 어떻게 될까? 더욱이 이 사람이 새 사람, 새 그릇이 되지 않는다면 어떻게 되겠는가? 하지만 이 창조는 얼마나 고통스럽겠는가? 또한 얼마나 고통스러운 난산難産이겠는가?[10]

하나님의 음성이 진동할 때, "진리의 그릇"이 되지 못한 인간에게 어떤 일이 벌어질까? 마치 하나님과 동등한 자나 되듯이 옆에 앉아서 그 인간이 하나님의 음성을 속히 들을 수 있을까? 이것은 인간의 걱정이 아니다. 인간은 이 걱정을 이해할 수 없다. 말씀이신 하나님께서 인간에게 오셔서 대화를 시도할 때, 하나님의 걱정이다. 하나님께서는 인간 안에 하나님의 형상을 회복하고자 오래 전에 계획하셨고 지금도 바로 당신을 통해서 이 창조를 하기 원하신다. 그러나 하나님과 직접 대면하는 자는 다 죽을 수밖에 없듯[11] 사람이 새사람으로 거듭나지 않고 어떻게 하나님 곁에 있겠는가? 하나님은 인간에게 나타날 수가 없다. 왜냐하면 하나님을 본 자는 다 죽으니까. 그런데 하나님의 별명이 무엇인가? 사랑이다. 요한은 하나님은 사랑이라고 말한다. 요일4:8 사랑이신 하나님이 자신을 나타내지 않는다면 어떻게 될까? 그것은 "사랑의 죽음"이다. 사랑이신 하나님이 자신을 숨긴다면 사랑은 존재하지 않을 것이기 때문에, 사랑의 죽음이다. 그렇다면 인간에게 하나님의 나타내심은 어떨까? 그것은 인간의 죽음이다. 곧, 사랑할 사람이 죽게 되는 꼴이다. 이 고민이

의 보호가 없다면 쉽게 깨질 것이다. John N. Lenker ed, *Sermons of Martin Luther* Vol. 5 Trans. John N. Lenker and others (Grand Rapids: Baker Book House, 1988), p. 80.을 참고하라.
10) 키에르케고르, 『철학의 부스러기』, pp. 67-8.
11) 출33:20, 또 가라사대 네가 내 얼굴을 보지 못하리니 나를 보고 살 자가 없음이니라.

사랑하고 계신 하나님의 고민이다![12] 그래서 하나님은 행여나 인간이 다치지나 않을까 노심초사 애태우고 있다.

이제 하나님의 고민이 조금 이해가 되는가? 나는 처음부터 독자들에게 하나님의 고통을 이해시키기 위해서 이 일을 진행시켜 왔다. 새 창조를 위한 하나님의 계획은 여기에서 끝내야 하는 것일까? 만약 독자들이 이 글을 읽고 여기까지 왔다면 하나님의 고민을 어떻게 풀어야 할까? 이 고민을 인간적으로 풀 수는 있는 것일까? 다음은 인간적으로라도 하나님의 고민을 해결하고자 시도하게 될 것이다.

3) 진리의 교사는 예수님이시다

이 기회에, 진리의 말씀을 들어야 하는 인간의 상태에 대하여 조금 더 생각해 보도록 하자. 우리는 소크라테스를 생각해 봄으로써 도움을 얻을 수 있다. 이 새사람의 크기는 진리를 담아야할 크기이다. 소크라테스의 『메논』에서 말하듯이 진리가 배워야 하는 것이라면, 사람은 자기가 이미 아는 것을 구하지 않을 것이고, 마찬가지로 자기가 아직 모르는 것도 구하지 않을 것이다. 왜냐하면, 자기가 아는 것은 이미 알기 때문에 그것을 구하는 일이 없을 것이고, 또 자기가 아직 모르는 것은 무엇을 구해야 할지 모르기 때문에 그것을 구하는 일은 없을 것이기 때문이다. 결국 소크라테스의 고민대로라면 인간은 진리를 "외부"에서 구할 수 없다. 어떤 질문을 통해서 진리

---

12) 키에르케고르, 『철학의 부스러기』, p. 59.

에 도달한다는 것은 처음부터 불가능한 일이었다. 그렇다면 진리는 어디에 있을까? 소크라테스는 이러한 질문을 통해서 진리는 외부에 존재하는 것이 아니라, 인간의 "내부" 즉, "내 안에" 있다는 것을 깨달았다. 그래서 그는 그의 제자들을 향해 말했다. "너 자신을 알라!" 그렇다면 소크라테스는 이 문제를 어떻게 해결했을까? 인간이 외부에서 진리를 구해서 안다고 하는 것은 이 문제를 소크라테스는 다음과 같이 생각함으로 해결했다. 곧, 배우는 것이나 구하는 것은 모두 상기想起, recollection라는 것이다. 다시 말해서 진리는 이미 내 안에 주어져 있다는 것이다. 그러나 어떤 일로 해서 진리를 까먹은 것이다. 따라서 진리의 교사는 이미 주어진 진리를 생각나게 해주는 역할만 할 수 있지 진리는 스스로 낳아야 하는 것이다. 그러므로 교사의 역할은 산파 역할일 뿐이지 진리를 낳아야 하는 것은 각자 스스로의 몫이라고 말한다.[13] 그래서 그리스 철학은 항상 과거로 회귀했다. 즉, 잃어버린 진리를 찾아 가는 방식이어야 했다. 이 진리를 생각나게 하는 것이 바로 "상기想起"이다.

그러나 복음은 다르게 설명하고 있다. 복음은 인간은 진리를 알 수 없고 철저하게 진리로부터 배제된 상태에 있다는 것이다. 오직 이 진리는 예수 그리스도이시며, 인간 안에는 어떤 진리도 없다는 것이다. 인간은 어떤 방식으로든 진리를 잃어버렸고, "내 안에" 있는 진리를 모르는 것이 아니라, 아예 "내 안에도" 진리가 없다는 것이다. 조금 더 어렵게 말하면, 인간은 "무지의 형식으로도 진리를

---

[13] 키에르케고르, 『철학의 부스러기』, pp. 18-20.

갖고 있지 않다." 쉽게 풀면, 진리가 있는 것조차 파악할 수 없으며 진리를 알 조건조차 갖고 있지 않다. 진리를 모르더라도 진리를 알 조건을 가지면 그는 배움으로써 진리에 도달할 것이다. 예를 들어, 수학문제를 풀 수 없지만, 조건을 가진 자는 푸는 방식을 배움으로써 풀 수 없었던 수학 문제를 풀 수 있을 것이다. 그러나 강아지에게 수학문제 푸는 법을 가르쳐 보라. 강아지에게 아무리 가르친다 할지라도 강아지는 수학문제를 이해할 조건을 갖지 못하므로 배움으로써 풀 수 없다. 강아지는 수학 문제에 대하여 무지하며, 수학문제를 이해할 조건조차 갖고 있지 않다. 마치 강아지처럼 타락한 인간은 진리에 대하여 무지하며 진리를 파악할 조건도 갖고 있지 않다. 진리가 내 안에 있고, 내 안에 있는 진리를 모른다 하더라도 진리를 이해할 조건을 가진다면, 소크라테스가 말했던 상기의 방법으로 진리를 알 것이다. 그러나 인간은 이미 진리에 대하여 무지하며 조건조차 갖고 있지 않다. 그러므로 인간은 무지의 형식으로도 진리를 갖지 못한 것이다. 인간은 진리에 대하여 생각조차 할 수 없다.

그래서 복음은 과거로 회귀하거나 이미 있는 진리를 생각나게 하는 그런 식으로 진리를 파악하지 않는다. 진리는 단순히 과거로 회귀해서 얻는 것이 아니다. 이 진리는 우리 안에 생성되어야 하며 창조 되어야 한다. 인간이 할 수 없으니 "누군가"에 의해서 이 진리가 들어와야 한다.

다시 한 번 강아지 생각부터 출발해 보자. 강아지는 수학을 모르며 수학을 이해할 조건조차 갖고 있지 않다. 혹시 강아지에게 수학을 가르쳐서 배우도록 할 사람이 있는가? 만약, 강아지가 수학을 이해하도록 하려면 먼저 강아지의 뇌구조를 바꿔서 이해할 조건을 가지도록 해야만 한다. 그런 다음 당신은 강아지에게 수학을 가르칠 수 있다. 그렇다면 인간은 어떨까? 진리를 모르며 진리를 이해할 조건조차 갖고 있지 않다. 그래서 인간은 진리를 배우기 이전에 진리를 이해할 조건과 동시에 진리를 줄 교사가 필요했던 것이다. 인간 안에 진리가 존재하지 않는데 어떻게 진리를 "상기"시켜 줄 수 있을까? 배우는 자는 비진리[14]이면서 진리를 갖지 못하기 때문에 고대 그리스 철학자들이 말했던 상기라는 방법으로는 불가능하다.[15] 그러므로 가르치는 교사가 상기시켜 줄 것은 소크라테스가 한 것처럼 그가 비진리라는 것을 인식시켜주는 것이다. "너 자신을 알라"는 말은 무지를 지적한 것이고 비진리 가운데 있다는 사실을 인식시킨 것에 불과하다. 고작 인간 교사가 할 수 있는 최고의 가르침은 그가 비진리 가운데 있다는 것을 깨닫게 하는 것이다. 다른 말로 설명하면, 인간 교사는 인간이 알지 못하고 있다는 것을 깨닫게 해 주는 일 외에는 할 수 있는 것이 없다는 의미한다.

그러면 배우는 자는 이 "모른다"는 것을 깨달음으로써 먼저보다 더 진리에서 멀어지게 된다. 이와 같이 인간 교사는 배우는 자에게 이 무지를 상기시켜 줌으로써 그 배우는 자를 자기 자신에게서 차

---

[14] 여기에서 비진리란 우리가 이미 나누었던 소크라테스의 질문으로 돌아간다. 인간은 진리에 대해서 완전히 차단된 상태이다. 즉, 인간 안에도 진리가 없는 상태를 일컫는다. 이런 의미에서 인간은 비진리이다.
[15] 키에르케고르, 『철학의 부스러기』, p. 27.

내버린다. 그 결과, 인간 교사는 다만 그를 자기 자신에게서 얼마나 비진리 가운데 있었는지를 알게 하는 것뿐이다. 여기까지가 인간 교사의 한계이다. 그는 진리를 가르칠 수 없다. 그러나 나는 다른 교사를 소개하려고 한다. 그는 예수 그리스도이시다. 그는 인간 교사하고는 질적으로 다른 교사이다. 어째서 그럴까?

배우는 자에게 진리를 줄 뿐만 아니라, 이해할 조건까지도 아울러 주는 분이기 때문이다. 가르친다는 것은 궁극적으로 배우는 자가 이해할 조건을 갖추었다는 사실에 기반 한다. 이 조건이 없다면 교사는 아무것도 할 수 없다. 그러므로 가르치는 자는 배우는 자를 근본적으로 개조해야만 한다. 그러나 이것은 사람으로서는 할 수 없다. 강아지에게 수학을 이해할 조건을 가진 상태로 개조하는 일이 인간으로는 할 수 없듯이, 인간에게 진리를 이해할 조건을 주는 일은 오직 하나님만이 가능한 일이다. 하나님께서 인간 안에 진리의 창조를 위하여 예수님을 교사로 보내셨다. 인간 교사는 배우는 자에게 비진리라는 것을 상기시켜주는 것 외에는 할 일이 없지만, 진리의 교사이신 주님은 당신 안에 진리를 이해할 조건을 먼저 주신다. 그 다음, 그분은 진리를 가르치신다. 진리의 교사는 이해할 조건을 주시기 위해, 진리의 창조를 위해 당신을 사랑으로 낳는다. 다시 말해 분만하는 일은 오직 하나님의 일이다. 그리스철학은 인간이 스스로 진리를 낳을 수 있는 것처럼 말하지만, 인간은 진리를 낳을 수 없다.

나는 여기에서 낳는 일에 대해서 더 생각해 보기 원한다. 이제 하나님의 사랑이 왜 낳는 사랑이 되어야 하는지 설명해야만 한다. 낳는다, 출산한다는 말을 인간적인 말로 오해하면 안 된다. 하나님께서 사랑으로 "낳는다"는 것은 단순한 출산이 아니다. 인간적인 의미에서 아기를 출산하는 그런 의미가 아닌 것을 이미 요한복음은 거듭남에 대하여 설명했다. 바로 니고데모와의 대화에서 나온다. 니고데모는 유대인의 리더로서 밤에 몰래 예수님을 만나러온다.[16] 그때 그는 예수님을 인정하면서 "하나님께로서 오신 선생"이라고 고백한다. 그때 예수님께서 말씀하신다. "사람이 거듭나지 아니하면 하나님 나라를 볼 수 없다." 그러나 그는 이 말이 무슨 의미인지 이해하지 못했다. 왜냐하면 상식적으로 인간이 두 번 태어날 수 없기 때문이다. 그래서 그는 예수님께 묻는다. "사람이 늙어서 어떻게 다시 날 수 있겠습니까? 두 번째 모태에 들어갔다 날 수가 있습니까?" 니고데모는 "다시 남"을 이해하지 못했다. 하나님께서는 진리를 우리 안에 심기 위해서 즉, 진리이신 자기 자신을 우리 안에 심기 위해서, 하나님은 사랑으로 우리를 낳는다. 어떻게 이런 일이 벌어지는지는 우리로는 알 수 없다. "바람이 임의로 불매 네가 그 소리를 들어도 어디에서 오며 어디로 가는지 알지 못하나니 성령으로 난 사람도 다 이러하리라." 요4:8

다시, 진리의 교사에 대하여 생각해 보자. 진리의 교사이신 주님은 당신에게 진리를 이해할 조건을 먼저 주신다. 그런데 다시 한 번 소크라테스처럼 생각해 보자. 진리가 원래 내 안에 있었지만, 내 안

---

16) 요한복음 3장을 참조하라.

에 있는 진리를 모른다면, 그것은 어떻게 된 일일까? 다른 말로, 만일 인간이 진리를 이해할 조건을 원래 가지고 있었다면, 그런데 지금 없다면 그것은 어떻게 된 일일까? 그것은 어떤 이유에서 빼앗겼다고 말해야 한다. 그렇다. 인간은 진리를 이해할 조건을 빼앗긴 것이다. 왜 빼앗겼을까? 그러면 이해할 조건을 주시는 하나님께서 그것을 빼앗았다고 말해야 할까? 그럴 수는 없다. 그것은 모순이기 때문이다. 항상 이해할 조건을 주시는 분께서 빼앗는다니 말이 되는 일인가? 따라서 조건을 빼앗긴 것은 그 자신에 의하여 일어난 일이어야만 한다. 즉, 인간은 자신의 잘못으로 조건을 빼앗긴 것이다.[17] 인간은 자신의 잘못을 하나님께 돌리지 말아야 한다.

우리는 너무나 우리 자신의 과실을 하나님께 돌리려 하는 경향이 있다. 보통 "하나님이 하셨다"라고 너무 일찍 말을 해버리고 만다. 그리고 더 이상 우리의 잘못을 생각하려 하지 않는다. 왜냐하면 생각하는 것만으로도 괴로운 일이기 때문이다. 특히 믿는 자는 이미 진리를 이해할 조건을 받은 자들이다. 그럼에도 불구하고 우리가 진리 안에 거하지 않는다면 그것은 하나님의 책임이 아니라, 바로 우리의 책임이며 모든 책임은 우리가 져야 한다.

나는 지금 바로 당신에게 비진리라는 것을 인식시켜주는 일 외에는 할 일이 없다. 진리를 낳는 사랑은 오직 하나님의 일이기 때문이다. 우리는 이 비진리를 "죄"라 부른다. 그러므로 진리의 교사는 내가 아니라 진리 이해의 조건을 주며, 또 진리를 주는 예수님이시다.

---

17) 키에르케고르, 『철학의 부스러기』, p. 30.

이제, 이 교사는 흔히 생각하는 교사의 개념을 훨씬 넘어섰다는 데에는 이의가 없을 것이다. 배우는 자가 비진리 가운데 있으며, 그것이 처음부터 자신의 허물로 그렇게 되었다. 그는 자유로워 보일지 모른다. 왜냐하면, 확실히 그는 자기 마음대로 하니까. 그러나 그럼에도, 그는 사실 부자유하며, 구속되어 있고 배제되어 있다. 왜냐하면, 진리에서 자유롭다는 것은 진리에서 배제된 것이며, 부자유 속에서의 자유이기 때문이다. 그는 부자유 안에서 자유롭기 때문에, 자유의 힘을 부자유를 위해 쓰며, 그리하여 부자유의 힘은 한데 모여 자라남으로써, 마침내 그를 죄의 종으로 만들어 버린다.[18] 로마서 6장을 보라. 우리가 죄의 종이었다가 어떻게 하나님의 종으로 변화되었는지를 말한다. 따라서 우리는 이 교사를 단순한 교사가 아니라 죄에서 자유하게 하는 교사이므로 구주이며 해방자로 부를 수 있다. 그러면서도 이 교사는 실로 그의 죄 때문에 내려진 노여움을 제거해 주므로 화해자이기도 하다. 주님은 단순한 교사를 넘어서, 구주이시며, 해방자이시며, 화해자이시다.

배우는 자는 이러한 교사를 절대로 잊지 못한다. 왜냐하면, 잊어버리는 그 순간 그는 다시 자기 자신 속에 잠겨 비진리로 전락하기 때문이다. 배우는 자는 신앙인이다. 다른 말로 그는 그리스도인일 것이다. 그렇다. 참으로 배우는 자야 말로 거듭난 그리스도인이다. 그는 사랑 가운데서 낳음을 받은 "거듭난 자"이다. 배우는 자는 자신을 사랑으로 낳은 교사이며 구주이신 분을 잊었을 때, 그는 다시

---

18) 위의 책, p. 34.

과거로 돌아간다. 그것은 비진리이며 죄의 자리이다. 그렇기 때문에 배우는 자는 날마다 교사를 생각해야 한다. 만약 교사를 잊는다면 마치 일찍이 그가 이해할 조건을 가졌을 때에, 하나님의 존재를 잊었기 때문에 부자유에 빠진 것과 같다.[19]

그러면 배우는 자와 진리의 교사가 천국 문에서 만났다고 생각해보자. 그러나 이미 조건을 받은 자[20] 에게는 교사는 전혀 다른 모습으로 나타난다. 왜냐하면 이미 진리를 이해할 조건을 받는 자에게는 심판자로 나타나기 때문이다. 인간은 진리이신 예수 그리스도의 오심으로 말미암아, 진리를 이해할 조건을 가질 수 있게 되었다. 진리를 이해할 조건이란 실로 하나의 위탁된 것이다. 즉, 수학문제를 풀 수 없는 강아지가 수학 문제를 이해할 수 있는 조건을 받았다면, 강아지는 수학문제를 풀어야 할 책임도 같이 받은 것과 같다. 진리를 이해할 조건을 받은 사람은 어떠한 때라도 책임을 함께 받은 것이다. 그리고 교사는 반드시 천국에서 책임을 물을 것이다. 교사는 물론 그가 진보했는지 평가할 수 있다. 이러한 교사를 우리는 무엇으로 불러야 할까? 그는 심판자이다. 진리를 이해할 조건을 받아 진리를 이해할 힘을 획득한 자가 진리의 교사를 통해 진리를 배웠지만, 배운 대로 살지 못한 자의 책임은 누구에게 있을까? 마찬가지로 수학을 이해할 조건을 가진 고등학생이 열심히 수학공부를 하지 않아서 나쁜 성적을 받는다면 그 책임은 누구에게 있을까? 진리를

---

[19] 위의 책, p. 35.
[20] 이 사람은 거듭난 자이다. 진리를 아는 상태로 변화된 자를 일컫는다.

우리에게 심으려고 그리스도께서 오셨다. 그리고 그분은 이해할 수 없는 사랑으로 우리를 낳으셨다. 그러나 지상에 살면서 진리를 이해할 조건을 받은 그리스도인이 진리의 열매를 맺는 삶을 살지 못했을 때에 그 책임은 누구에게 있겠는가?

4) 영원은 순간이 된다

이미 말이 나왔으니 진리에 대하여 조금 더 생각해 보겠다. 진리는 어떤 속성을 가질까? 다른 것은 모를지라도 진리는 영원하다. 순간을 사는 인간이 영원한 진리를 생각할 수 있을까? 영원에는 과거, 현재, 미래가 없다. 그런데 인간은 과거, 현재, 미래가 있다. 아니, 조금 더 정확히 말하면, 인간에게는 과거와 미래뿐이다. 과거, 현재, 미래가 정확히 삼등분 되는 것이 아니라 현재는 단순한 흐름일 뿐이며, 현재에는 양적 개념이 없기 때문이다. 방금 전에 쓴 글도 과거가 되어 버렸으니, 초단위로 흘러가는 세월도 역시 과거는 과거일 뿐이다. 그리고 남는 것은 미래 밖에 없다. 그런데 인간은 현재를 살아간다. 현재는 잡을 수가 없다. 현재는 "순간"이다. 이를 조금 더 설명하면 다음과 같다.

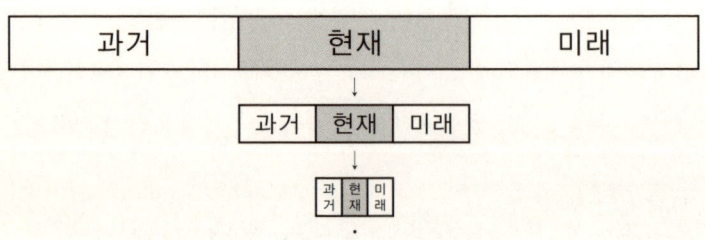

이렇게 삼등분을 계속하면 현재라는 시간이 가지는 시간의 폭은 궁극적으로 0에 수렴하고 과거와 미래가 붙어 있는 접합점일 뿐이다. 따라서 우리가 보고 느끼고 마주하는 유일무이한 실재란 무한소의 폭을 지닌 찰나의 순간이며 그 나머지는 흘러가버린 역사 속의 시간이며 아직 다가오지 않은 기록되지 못한 시간일 뿐이다.[21]

이 순간이라는 현재를 사는 인간이 어떻게 영원을 잡을 수 있겠는가? 진리의 영원성은 시간 안에 담아 둘 수 없다. 그런데 어떻게 이 어마어마한 진리를 단지 "상기"라는 방법으로 생각나게 할 수 있을까? 복음은 진리가 이 세상에 왔다고 말한다. 도저히 인간의 이성으로는 생각할 수 없다. 어떻게 영원한 진리를 순간 속에 담을 수 있을까? 영원한 진리를 담아야 할 순간의 크기는 과연 얼마나 커야 할까? 영원한 진리가 순간에 담길 수 있다는 것을 생각이나 할 수 있을까? 그러나 복음은 영원이 순간에 들어 왔다고 말한다. 바로 그것이 말씀이며, 예수 그리스도이시다. 예수 그리스도의 성육신은 영원이 순간이 되는 사건이다. 영원이 순간이 되는 이 예수 그리스도의 사건, 이 진리의 사건을 만나려면 반드시 새사람이 되어야 한다. 새사람이 되는 것은 "상기"가 아니라 믿음을 통해서만 가능하다. 이것은 창조이며 내안에 일어나는 하나님의 창조의 시작이다. 하나님께서는 바로 우리들과 이 창조를 완성하기 원하신다. 창조의 크기는 인간의 크기가 아닌, 하나님의 크기이며, 이것을 우리는 하나님의 형상을 닮는다고 말한다.

---

[21] 송은영, 『사고뭉치 아인슈타인 빛을 뒤쫓다』 (서울: 에피소드, 2003), pp. 193-4.

새사람이 되려면, 우리는 거듭나야 한다. 그런데 문제는 태어나지도 않은 사람이 태어난 사람을 생각할 수 있을까? 태어나지도 않은 사람이 태어난 일을 생각한다는 것은 정말로 말이 안 되는 것처럼, 거듭남이라는 것을 생각할 수 있는 사람은 거듭난 사람뿐이다.[22] 이것을 조금 더 어려운 말로 이야기하면 비존재에서 존재로의 이행이다. 그렇기 때문에 이것은 하나의 새로운 창조이다. 무에서 유로의 창조이다. 우리는 믿음을 통해서 이 과정에 동참할 수 있다. 그러므로 세상 사람은 이 창조를 이해할 수 없다. 그들은 거듭난 자가 아니기 때문이다. 어떻게 거듭나지 않은 사람이 거듭남을 이해할 수 있는가? 어떻게 거듭남의 비밀을 언어에 담겠는가?

어떻게 영원이 순간으로 왔을까? 그것은 사랑이다. 하나님께서 충동에 의해서 그렇게 하신 것이 아니라, 사랑에 의해서 그렇게 하셨다면 사랑은 적어도 하나님 밖에 있는 것이 아니라 하나님의 내재적 속성이다. 영원이 시간 속에 스며들어 하나님과 닮은 인간과 관계할 때 순간[23] 이 나타난다. 물론, 이 순간은 단순한 순간이 아니라 진리의 순간이다. 이와 같이 하나님께서는 사랑하기 때문에 이 세상에 내려올 것을 영원히 결단한다.

나는 순간이라는 말을 끌어 들여 철학적인 설명을 하였다. 성경에서도 이러한 개념을 발견할 수 있다. "때가 차매 하나님이 그 아들을 보내사 여자에게 나게 하시고 율법 아래 나게 하신 것은 율법

---

[22] 키에르케고르, 『철학의 부스러기』, p. 40.
[23] 이 "순간"은 키에르케고어에게 있어서 예수 그리스도의 성육신 사건이다.

아래 있는 자들을 속량하시고 우리로 아들의 명분을 얻게 하려하심이라."갈4:4 여기에 나오는 "때"가 바로 순간이다.

문제는 진짜 사랑이 이렇게 세상 속에 왔건만, 세상은 이 사랑을 몰랐다. 특히, 이 비극적인 사랑에 대하여 생각하지 않는다. 아니, 이 사랑을 미워했다. 이 순간을 설명하기 위해 다시 사랑의 이야기로 돌아 가보자. 인간의 불행은 사랑하는 사람들이 서로 하나가 될 수 없다는 데에 있는 것이 아니라, 그들이 서로 이해할 수 없다는 데에 있다고 말했다. 그리고 이 슬픔은 사람들이 흔히 말하는 그 슬픔보다 훨씬 더 깊다. 나는 여기에서 인간적으로 말해, "하나님의 슬픔"을 조금이라도 이해시키기 원한다. 하나님의 슬픔을 말하는 이 불행은 사랑의 심장을 겨누고, 그것에 영원한 상처를 입히는 것으로서, 단순히 시간 속에서 이루어지는 불행과는 차원이 다른 영원한 불행이다. 사람은 이 불행을 이해하지 못한다. 아니, 자기가 이 불행 가운데 있는 것조차 모른다. 이 슬픔은 두 사람 중에서 뛰어난 자에게만 있다. 왜냐하면, 그만이 동시에 이 오해를 이해하기 때문이다. 따라서 이 슬픔은 오직 하나님에게만 속한다. 어떤 것도 이 슬픔을 제시하고 표현할 수 없다.24)

* 슬픈 사랑

그렇지만, 한 번 이 슬픔을 문학적 방법으로라도 시도해 보겠다. 물론 이 이야기는 어리석은 것일 수 있다. 단지, 인간적인 시도라는

---
24) 키에르케고르, 『철학의 부스러기』, p. 51.

것을 밝힌다. 우리는 하나님의 생각을 다 이해할 수는 없다. "내 생각은 너희 생각과 다르며, 너희 길은 나의 길과 다르다. 하늘이 땅보다 높듯이, 나의 길은 너희 길보다 높으며, 나의 생각은 너희 생각보다 높다."사 55:8-9 이것은 하나님이 하신 말씀이다. 하나님의 생각을 알 수 없기 때문에 나는 어리석은 방법으로 시도하게 된 것이다.

세상에서 사랑의 불행은 여러 가지가 있을 수 있다. 그러나 지금 내가 말하는 불행한 사랑은 이런 것들과는 전혀 다르다. 이 세상에 어떤 관계도 이 사랑과 완전히 유사한 것은 없다. 표현할 수 없는 것을 표현하는 일은 고통스러운 일이다. 항상 답답함이 생기게 되어 있기 때문이다. 그럼에도 나는 시도해 보려 하는 것이다. 어리석은 이야기이지만, 슬픈 사랑을 조금이라도 표현하기 위해 시도해 보자.

옛날에, 어떤 가난하고 미천한 소녀를 사랑한 왕이 있었다. 이 왕의 마음은 세상에서 떠들썩하게 선전되는 지혜 같은 것으로 조금도 더럽혀지지 않았다. 세상의 지혜가 다 무엇인가? 잘 살기 위한 방법, 설득하는 기술, 돈 잘 버는 방법 등과 같은 것들은 아닐까? 혹은, 자신의 권력을 이용하여 사람들을 힘으로 굴복시키는 그런 지혜는 아닐까? 세상의 지혜는 사람의 마음에 덫을 놓아 어려움에 빠지게 한다. 인간의 이해가 발견한 지혜이다. 그러나 왕은 세상의 지혜에 오염되지 않은 순진한 분이었다. 또한 그는 힘이 있었다. 그가 결정한 것을 실행에 옮기는 일은 아주 쉽다. 왜냐하면, 그는 이미 아주 강한 정치적 권력을 갖고 있었다. 정치가들은 모두 그의 노여움이 두려워 어떤 조그만 일에도 감히 뒤에서 말할 수 없었다. 외국은 모두 그의 세력이 두려워 그의 결혼 축하에 사자使者 보내기를 게을리 할 수 없을 것이다. 구더기 같은 군신은 자기들의 목이 짓밟히지 않도록, 티끌 속에 엎드려 감히 그의 감정을 상하는 일이 없도록 애썼다. 대략 왕의 사정은 이렇다.

  왕은 불쌍한 소녀를 사랑했고, 결혼을 원했다. 그러나 그는 아직 자신의 그런 마음을 누구에게도 알리지 않았다. 그러나 왕에게 하나의 근심이 생겼다. 자신은 왕이며 소녀는 하녀라는 사실이다. 이런 신분의 차이는 극복될 수 있을까? 소녀는 이 상황을 견딜 수 있을까? 왕은 이미 소녀가 하녀로서의 삶을 살아 왔으며, 많은 사람들에게 노예처럼 부림을 당했는지 다 알고 있었다. 왕은 홀로 이 근심을 간직하고 있다. 만약 결혼식이 거행되면 어떻게 될까? 왕은 다음과 같은 생각을 할 수 있다.

"그러면 이제 하프 가락을 맞추고 시인들은 노래를 시작하라! 모든 것을 잔치에 어울리게 하라."

  사랑이 그의 승리를 축하하게 될 것이다. 일반적으로 동등한 자와 사랑을 하고 또 그 사랑을 성취하는 것은 기쁜 일이 된다. 그러나 이 사랑이 동등하지 못했던 자를 사랑 안에서 동등하게 만들었을 때는 이야기는 달라진다. 최고의 권력자와 가장 비천한 하녀의 사랑이라. 동등하지 않는 것을 사랑으로 동등하게 만드는 것은 일종의 승리이다.

  만약 왕의 고민을 신하들에게 말한다면 신하들의 반응은 어떨까?

"폐하께서는 그 소녀에게, 그녀가 한평생 걸려도 다 감사할 수 없는 큰 은혜를 베푸시는 것입니다."

  맞다. 동등하지 못한 천하디 천한 여인을 사랑해서 그녀를 궁으로 모시는 것은 다할 수 없는 큰 은혜이다. 그러나 이 말로 그 신하는 왕의 노여움을 사게 될지도 모른다. 왕은 그를 자기 애인에 대한 불경죄로 사형에라도 처할 수 있다. 그러나 이것은 다시 왕에게 또 하나의 걱정을 더해 줄 수 있다. 그래서 왕은 역시 홀로 그 걱정을 자기 마음 속에 간직한다. 왕은 속으로 고민하며 생각해 본다. "이 소녀는 과연 나와 결혼해서 행복할 수 있을까? 그녀는 신분의 차이를 잊어버릴 만큼 어엿할 수 있을까?" 혹은, 이 사랑이 완성되기 위해서, 소녀는 훨씬 더 뻔뻔해져야 한다. 소녀가 신분의 차이를 잊고 더 뻔뻔해지면 더 뻔뻔해질수록 사랑은 동등함을 이루게 될 것이다.

  만일, 그녀가 뻔뻔해지기보다 신분의 차이는 극복될 수 없다고 생각한다면, 상황은 어떻게 될까? 만일, 옛 생각이 그녀의 마음속에 깨어나면 어떻게 될까? 즉, 왕이 아니라 조건 좋은 사내가 그녀를 사랑해서 그 남자와 결혼했다면 더 없이 행복했을 텐데. 만약 이런 생각이 그녀를 사로잡는다면, 남모르는 슬픔 속에 잠기게 될 텐데. 또 만일 이 생각이 무덤 위를 지나가는 죽음의 그림자같이 그녀의 영혼을 가끔 스치기라도 한다면, 그때는 그들의 사랑의 환희는 어떻게 될까? 그럴 바에 그녀는 차라리 그대로 시골에 머물러, 같은 신분의 애인에게 사랑 받으며, 그 조촐한 집에 만족하고 거리낌 없이 사랑하면서, 아침부터 저녁까지 즐겁게 사는 것이 훨씬 더 행복하지 않겠는가?

만약 그렇다면, 이 얼마나 풍만한 슬픔의 열매가 여기에 무르익는 것인가! 그 열매는 스스로의 무게 때문에 이제 곧 떨어질지도 모른다. 비록 미천한 소녀가 자기가 비천한 자같이 되는 일에 만족해도, 그것은 왕의 마음을 조금도 기쁘게 하지 못할 것이다. 왜냐하면, 진정 왕은 그녀를 사랑하기 때문이며, 또한 그녀를 잃어버리는 것보다 그녀의 은인이 되는 것이 한층 더 못 견딜 노릇이기 때문이다. 사랑은 평등한 관계이지, 주인과 노예의 관계가 아니다. 오히려 사랑은 평등하지 않은 것을 평등하게 해 주는 힘이 있다. 그러나 이 소녀는 이 슬픔을 이해할 수 없다. 왜냐하면 왕은 스스로 이 슬픔을 간직하고 있기 때문이다. 이 얼마나 깊은 슬픔이 이 불행한 사랑 가운데 잠들어 있는가? 누가 감히 이 슬픔을 일깨울 수 있겠는가?

하지만, 사람은 이와 같은 슬픔을 당해서는 안 된다. 이것은 사람의 생각이 아니라 하나님의 생각이다. 지금 나는 하나님의 슬픔을 이해시키기 위해 부족한 예화이지만, 한낱 왕 예화를 통해 설명하고 있을 뿐이다. 이런 이야기는 졸렬한 것들일 뿐이며, 나는 그저 하나님의 슬픔에 이르기 위해 꾸며냈을 뿐이다. 나는 어리석게도 인간적 관계에 대해서 말하지만, 그래도 우리는 그렇게 함으로써 이성이 이해하지 못하는 하나님과 인간의 정신의 차이에 대해서 조금이라도 생각해 볼 수 있었다.

다시 "순간" 이야기로 돌아가 보자. 영원이 순간이 되었다. 그리고 이 사건은 하나님 자신의 사랑의 행위였다. 이 사랑의 행위가 인간이 이해할 수 있는 것이 아니라 이해할 수 없기에 하나님은 더 슬픈 사랑을 하고 있다. 왜냐하면, 배우는 자가 비진리 가운데 있기 때문에 이 영원을 받아들일 지혜가 없으며, 그는 자신의 허물로 말미암아 이 진리를 알아 볼 눈이 없기 때문이다. 그러나 그럼에도, 그는 하나님의 사랑의 대상이며, 하나님의 슬픔은 그와 동등 됨을 이루려 한다. 사랑은 동등한 관계이며, 항상 평등을 이루려 하기 때문이다. 바로 이것이 창조를 인간 안에 실행하기 원하시는 하나님의 고민이다. 어떻게 이 동등 됨은 실현될 것인가? 어떻게 인간의 언어로 이 슬픔에 이름을 붙이겠는가? 어떻게 이 단순한 서술로 하나님의 깊이에 이를 수 있겠는가? 이 슬픔을 예상조차 할 수 없는 자가 넝마 같은 인간이다.[25]

5) 하나님이 사람이 된다

나는 사랑은 동등한 관계를 이루려 한다고 말했다. 만약, 독자가 여기까지 동의하며 읽고 따라왔다면 이의가 없을 것이다. 만약 이

---

25) 위의 책, pp. 49-56.

러한 평등이 상승을 통해서 이루어진다면 어떻게 될까? 즉, 하나님이 배우는 자신앙인를 끌어 올려 그를 영화롭게 하고 천년의 기쁨으로 위로하여주님 앞에서는 천년도 지나간 어제와 같고, 밤의 한 순간과도 같으니까시 90:4 기쁨에 도취하여 오해를 잊도록 하면 어떨까? 항상 오해하는 쪽은 인간이니까. 그동안 우리가 생각한 바대로라면, 인간은 하나님의 슬픔을 모르며 오해하고 있지 않는가? 혹은, 이 글을 읽고 있는 독자는 "하나님의 슬픔"을 말하는 것이 하나님을 모독하는 행위라고 지금 화를 낼지도 모른다. 왜냐하면 하나님은 슬퍼할 수 없는 분이시고 전지전능한 분으로 배워왔으니까.

하나님은 우리가 처해있는 곤경, 아픔, 슬픔, 절망 등의 부정적인 요소로부터 우리를 구원하실 분으로 생각하고 있는가? 우리의 오해는 어쩌면 이 지점부터 출발하고 있는지도 모른다. 그러나 우리의 삶에서는 어떤 것을 경험하고 있는가? 하나님은 팔짱을 끼고 계시며 이런 부정적인 감정으로부터 극복하기 원하지만, 신경 쓰고 계시지 않는 분처럼 보인다. 아마도 한 번쯤은 이런 경험을 했을 것이다.

그러면, 그동안 기독교가 축복을 가르쳐 온 것처럼, 배우는 자를 축복과 환희 속에 간직해 놓으면 어떨까? 예수 믿고 신앙생활에 입문한 자를 서둘러 축복 속에 간직하는 것이다. 배우는 자는 이렇게 신앙에 들어오자마자, "천년의 기쁨"을 배우게 된다. 아마도 배우는 자는 그 때문에 자기의 지극한 행복을 찬양하고 싶어 못 견딜 것이다. 그 미천한 소녀처럼 하나님이 갑자기 그 배우는 자에게 멈춤으로써 그를 행복하게 해준다면 얼마나 멋진 일이겠는가! 백마 탄 왕자가 우연히 나타나서 청혼을 한다면 어떨까? 요즘 시대에도 정신적으로 보면, 삶의 모든 비탄과 고통으로부터 건져 줄 수 있는 백마 탄 왕자를 기다리고 있는 처녀들이 존재하지 않는가? 하나님은 백마를 타고 오는 왕자인가? 신앙생활이 갑자기 그런 축복 속으로 들어가는 것인가?

자, 이쯤해서 다시 이야기로 돌아가 보자. 그러나 저 고귀한 왕은 벌써 이 어려움을 꿰뚫어 보고 있다. 그는 소녀가 기만당한다는 사실을 다 알고 있다. 즉, 기만이라는 것은 다음과 같다. 왕은 소녀가 신분의 차이로 상처를 받을 수 있다는 사실을 알고 있다. 왕은 소녀에게 상처가 되는 "말들"로부터 소녀를 보호하기 위해 소녀에게 멋진 궁전을 지어 줄 수도 있다. 왕은 그녀에게 아름다운 옷을 입히고, 온갖 폐물을 줄 수도 있다. 물론 가정해 보자는 것이다. 그러면, 소녀는 기뻐하게 될 것이다. 왕은 영광의 태양과도 같다. 소녀를 영광스럽게 만들어주는 태양이다. 왕은 지금 자신의 영광이 아니라 소녀의 영광을 구하고 있다. 이 상황 속에서 왕이 "영광의 태양"으로 미천한 소녀에게 비치게 한다. 그녀는 그런 왕을 숭배와 경탄으로 올려 드릴 수도 있다. 그때, 그녀는 자신이 누구였고 얼마나 비참한 삶을 살았는지 잊어버릴 수 있다. 그녀가 살아온 모든 비굴한 삶과 고통은 왕을 만나 축복 속에 잠긴다. 소녀 입장에서는 단 한 번도 기대하지 않은 일이 발생한 것이다. 이 길이 상승을 통한 동등함, 곧 왕과 평등해지는 길이다. 이런 방식으로 왕은 그녀에게 만족감과 행복감을 줄 수도 있었을 것이다. 충분히 소녀는 이 사랑으로 행복할 수도 있었을 것이다.

그러나 그것이 왕을 기쁘게 하지는 못했을 것이다. 이것은 그녀를 속이는 일이기 때문이다. 자신의 진정한 사랑을 불완전한 방법으로 나타냈다는 것만으로도 이미 그에게는 기만으로 비쳤을 것이다. 그러므로 이와 같은 방법으로 사랑은 행복해질 수 없다.

왕은 다른 방법을 선택해야 했다. 그는 자신이 미천한 자의 모습으로 내려 와야 함을, 그래서 미천한 소녀와 같은 위치가 되지 않고서 진정한 사랑의 모습을 드러낼 수는 없다. 왕은 미천한 소녀와의 사랑을 이루려고 그렇게 미천한 자가 되었다. 그때 신하들은 왕을 어떻게 생각했을까? 그들은 왕의 행동을 이해하지 못했을 것이며 비웃지 않으면 다행이었을 것이다. 영원한 진리가 세상에 왔을 때, 이 사랑의 기적은 세상에서 이렇게 웃음거리가 된다. 우리가 앞에서 표현한 말로 한다면 "순간 속의 영원"이 될 것이다. 순간 안에 어떻게 영원이 깃들 수 있을까? 생각할 수 없다. 그러나 이 순간을 만나기 위해서는 새 사람이 되어야 한다. 곧, 인간은 거듭나야 한다.

이것은 무엇을 의미할까? 곧, 하나님은 그 사랑으로써 배우는 자를 낳는다. 우리가 거듭난 자라고 불렀던 사람을 낳는다.[26] 그리고 어려운 말로 표현한다면, 우리는 이 말거듭남로써 비존재에서 존재로의 이행을 가리켰던 것이다. 하나님의 창조는 이렇게 우리 안에서 시작된다. 배우는 자는 새사람으로서 말씀을 속히 들음으로 그

---

26) 위의 책, p. 60.

가 비진리 가운데서 허물을 깨닫지만, 그러나 다시 진리는 그를 자유하게 하며,요8:32 그는 진리 안에서 승리를 얻는다. 사람과 사람 사이에서는 도와주는 일이 최고의 일이라면, 낳는 것은 하나님의 일이다. 하나님의 사랑은 낳는 사랑이다. 그러나 인간의 많은 학문들은 사상을 낳을 뿐이다. 이 세상의 많은 아름다운 지혜는 흩어져 있다. 이 아름다운 지혜를 사랑하는 사람들은 오랫동안 자기 안에 축적하고 저장하여 출산한다. 따라서 그가 낳는 것은 자신이 낳는 것이 아니라 자기 안에 축적해 놓은 아름다운 지혜가 낳게 한다.

동등 됨이 상승에 의해 이루어질 수 없다면 그것은 교사가 배우는 자에게 내려가는 하강으로 시도되어야만 한다. 이 배우는 자 중에는 세상에서 가장 미천한 자도 있을 것이다. 만약 그렇다면, 진리의 교사는 배우는 자 중에서 가장 미천한 자의 자리까지 가야 한다. 그렇게 진리는 말구유에 오셨다. 그런데 가장 미천한 자란, 물론 다른 사람을 섬기는 사람이다. 그리하여 하나님은 종의 모습으로 나타나셨다. 그러나 이 종의 옷은, 왕이 입었던 거지의 겉옷과 같은 그런 옷이 아니다. 종의 모습은 그런 것과는 달리 하나님의 참 모습이다. 왜냐하면 진정한 사랑이란, 진지하게 사랑하는 사람과 똑같이 되려는 것이기 때문이다.[27]

이것이 하나님이 사람이 되었다는 의미이다. 단순히 그의 복장이나 생김새가 인간이 닮았다고 해서 사람과 똑같이 된 것이 아니다. 그는 머리 둘 곳이 없었다.눅9:58 그러에도 불구하고, 그는 어떠한 사

---

27) 위의 책, pp. 62-3.

람에게도 의지하지 않는다. 그에게 거리낌실족이 되지 않기 위해서
이다. 그는 하나님이시다. 그러나 그의 발걸음은 마치 천사들이 그
를 받들고 갈 때처럼 더욱 조심스럽다. 자기의 발이 어떤 것에 부딪
치지 않게 하려고 그러는 것이 아니라, 사람들이 그에게 걸려 넘어
졌을 때 짓밟는 일이 없기 위해서이다. 그는 하나님이시다. 그런데
도 그의 눈은 걱정스럽게 인류 위에 머물러 있다. 그 한 사람 한 사
람의 연약한 싹은 풀줄기처럼 쉽사리 짓밟혀 버릴 수 있기 때문이
다. 이 무슨 삶인가! 덧없는 사랑, 덧없는 슬픔! 사랑의 일치를 나타
내려고 하나, 이해받지 못하며, 한 사람이라도 파멸할까 두려워하
면서도, 그러나 그와 같은 방식이 아니고서는 한 사람도 구원할 수
없다니! 그러면서도 자기에게 의지하는 배우는 자에 대한 걱정이
날마다, 시간마다 가득 찬 덧없는 슬픔이여! 그리하여 하나님은 그
의 전능한 사랑의 힘으로, 가장 미천한 자와 같은 모습으로 이 땅
위에 서 있다. 하나님은 배우는 자가 비진리임을 아신다. 그가 만일
잘못 본다면, 그래서 그가 넘어지고 어엿한 마음을 잃는다면! "있어
라"라는 전능한 말씀으로 하늘과 땅을 창조하는 일, 그리고 또한 그
힘이 일초 동안만 빠져도 만물이 붕괴돼버리고 만다. 그러나 이것
도 그가 사랑으로 인류의 구주가 되었을 때, 인류가 자기에게 실족
할 가능성을 지닌 것에 비하면 얼마나 쉬운 일인가![28] "나에게 걸려
넘어지지 않는 사람은 복이 있다."마11:6

---

28) 위의 책, pp. 63-4.

chapter 2 · 실족

1) 초대에 응답하라

"수고하며 무거운 짐을 진 사람은 모두 내게로 오너라. 내가 너희를 쉬게 하겠다"마11:28

이것은 놀라운 말씀이다. 이 말씀에는 어마어마한 사랑의 메시지가 숨어 있다. 그럼에도, 이 말씀은 조금 이상한 말씀이다. 어떤 부분이 이상한지 살펴보기로 하자. 예를 들어, 물에 빠져 죽어가는 사람이 구해 달라고 소리치면서 "도와주세요!" 외친다면 특별히 이상할 것이 없다. 왜냐하면 그는 살기 위해 당연히 도움을 요청해야 하고 구원자를 찾아야 한다. 누가 구원자를 찾아야 하는가? 위험에 빠진 자가 구해줄 사람을 찾아야 한다. 아무리 열심히 찾을지라도 만나는 일이 쉽지는 않을 것이다. 정말로 위급한 환자는 의사가 환자를 찾는 것이 아니라 환자가 의사를 찾는 것은 당연하다. 위급한 환자가 자신을 치료해 줄 의사를 간신히 찾았다 할지라도 계속해서 간청해야 한다. "많이 위급합니다. 빨리 치료해 주십시오! 이대로 죽게 할 수 없습니다." 보호자는 위급한 환자를 살리려고 모든 방법을 다 동원할 것이다. 꼭 이렇게 위급한 사건이 아니라도, 이 세상에서는 필요한 자가 찾으러 다닌다. 볼펜이 필요하다면 볼펜을 필요로 하는 사람이 나가서 구입해야 한다. 만약, 먹을거리가 필요하다면, 필요한 사람이 사러나가는 것이 정상이다. 그래도 상대방은 거드름을 피운다. 급한 것은 항상 필요를 구하는 사람이다. 또 때로는 값을 받지 않으려 들거나, 위협적으로 감사를 거절하는 때가 있을 수도 있다. 그러나 이것이야말로 상대방이 무한히 거드름을 피우는 표시이다! 세상에서는 수요가 공급을 항상 초과할 때, 공급하는 자는 거드름을 피우게 된다. 항상 찾는 자는 넘쳐나게 되어 있기 때문이다.

   그러나 본문의 이야기는 조금 다르다. 이와는 반대로 예수 그리스도는 자신을 내던지신롬8:32 그분께서 자신을 또 한 번 내던지신다. 구원을 필요로 하는 사람들을 스스로 찾고 계신 것이다! 위급한 자가 의사를 찾아야 한다. 볼펜이 필요한 사람이 볼펜을 찾아야 한다. 여기에서는 구원을 필요로 하는 사람이 찾는 것이 아니라, 구원할 사람이 찾는다! 두루 다시시며 그것도 소리쳐 부르신다. 구원할 분, 없어서는 안 될 단 하나의 것눅10:42 29) 을 가지시고 구원 하시는

---

29) 그러나 주님의 일은 많지 않거나 하나뿐이다. 마리아는 좋은 몫을 택하였다. 그러니

분이, 진정한 뜻에서 죽음에 이르게 하는 단 하나의 고질병에서 사람들을 구원하시는 그분이, 단 한 분뿐인 그분이 지금 "오라"고 마치 구걸이나 하듯이, 스스로 사람을 찾아다니며 오라고 부르신다. 그러나 이 구원이 얼마나 귀한 구원인가! 의사는 기껏 육신의 질병을 고칠 뿐이다. 그러나 여기 지금 오시는 분은 육신의 병을 고치러 오는 것이 아니라, 영원한 파멸로 가는 죽음을 막고 고치고자 오신 유일하신 분이시다. 그분께서는 눈만 뜨시면, 찾으러 다니신다.

조금 더 인간적으로 말해 보자. 만약, 어떤 사람이 새로운 약을 개발했고, 그 약은 그 사람 밖에 없다고 생각해 보자. 아마도 그 사람은 거드름 피울 만한 충분한 이유가 있고, 또 환자는 널려 있기 때문에 특별히 서두르지도 않고 위세 부리며 약을 팔려 할 것이다. 왜냐하면, 항상 공급보다 수요가 더 크기 때문이다. 그러나 지금 여기에 계신 주님께서는 영원한 파멸로 가는 인간을, 자신의 힘으로는 도저히 하나님께로 갈 수도 없고, 스스로 하나님의 형상을 창조할 수 없는 인간을 위해서 스스로 쉴 겨를도 없이 바쁘게 찾고 돌아다니신다.막3:20 30) 스스로 구주라 부르고, 또 자신이 구주임을 아시는 분께서 걱정스러운 듯이 알리신다. "오라!"

지금 누구를 오라고 부르는가? 몇 명을 부르는가? 어디로 부르는가? "수고하며 무거운 짐을 진 사람은 모두 내게로 오너라"라고 부른다. 그는 스스로 온갖 희생을 무릅쓰고 자신의 모든 시간을 할애

아무도 그것을 그에게서 빼앗지 못할 것이다
30) 예수께서 집에 들어가시니, 무리가 다시 모여들어서, 예수의 일행은 음식을 먹을 겨를도 없었다

하여 초대를 위하여 애쓰고 있다. 참으로 인간을 영원한 파멸에서 구원할 힘을 가지신 분께서 "모두" 오라고 초청하신다. 여기에는 어떠한 차별도 없다. 그분은 모두를 원하신다.

그러나 이 초청에 응답할 사람은 무거운 짐을 진 자이다. 무거운 짐을 진 자는 모두 초청 받았다. 반대로, 무거운 짐을 져 본적이 없는 사람은 초대받지 않았다. 모든 무거운 짐을 진 자는 다 주님 앞에 나와야 한다. 구석구석마다 주님의 부름의 소리가 들리지 않는가? 지금도 여전히 주님께서 부르는 소리는 곳곳마다 흘러넘친다. 이 부름은 시간과 장소를 초월한다. "오라, 가난한 자여, 모든 수고하는 자여! 가난 속에서 고초를 겪으며, 그러면서도 안락한 미래가 아닌, 고초 가득 한 미래를 확보하고자 노예처럼 일해야 하는 사람들이여! 멸시받는 자, 관심 끌지 못하는 자, 환자여, 절름발이여, 귀머거리여, 눈 먼 자여, 불구자여, 오라! 병상에 누워있는 자여, 다 오시오!" 이 부름은 모든 사람을 모으고자 모든 차별을 부숴버린다. 부름은 차별이 초래하는 악을 보상하려고 한다.[31] 차별은 누가 만든 것일까? 하나님은 누구도 비교하거나 차별하지 못하도록 인간을 다 다르게 창조했다. 그럼에도 불구하고 인간은 스스로 비교하고 신분제도를 만들고 서로 비교함으로써 불행에 빠지게 한다.

그러나 이 부름은 차별이 없다. 지금 이 글을 읽는 사랑하는 독자, 바로 당신에게도 향한다. 이 소리가 지금 들리지 않는가? 당신이 어떤 삶을 살아 왔건, 그것은 그리 중요하지 않다. 지금까지 세상 속

---

[31] 키에르케고르, 『그리스도교 훈련』, p. 25.

에서 살고자 얼마나 수고했는가? 세상은 사람을 따지고 평가한다. 모든 사람은 세상의 평가와 비교에 지쳐 있다. 이 수많은 비교와 평가와 차별을 통해서 세상은 VIP고객을 만들고, 모든 상업과 마케팅은 비교를 통해서 사람을 현혹한다. 우리의 가정은 어떤가? 다른 아이와 비교하여 아이를 평가하지 않는가? 이 한국 땅에 넘쳐흐르는 차별의 소리를 들어 보라! 그리고 이 차별 속에서 조금 더 나은 삶을 위해, 더 좋은 대학, 더 좋은 직장, 더 좋은 배우자를 만나고자 애쓰는 당신, 수많은 차별의 소리 속에서 지금 당신을 부르는 주님의 소리가 들리지 않는가? 이 소리는 당신을 향한다. 이 부르는 소리에는 차별이 없다. 어떤 삶을 살았는지는 중요하지 않다. 초청에 응하기만 하면 된다. 사랑하는 독자, 바로 당신을 부른다.

2) 안식하라

이 부름은 단순한 부름이 아니다. 부름은 죽음과 삶이 갈라놓은 그 갈림길에 선다. 이 부름에 응답하게 되면 살 것이고 이 부름에 응답하지 못하면 죽음에 이르게 되는 그런 길이다. 의사가 암환자에게 암이 있다는 것을 발견하고 최초의 진단 후에, 그에게 암이 있다는 것을 말한다. 그럼에도 불구하고 암을 한 번도 느껴보지 못한 환자는 자신의 몸에 암 덩어리가 있다는 것을 인정하지 않는다. 오히려 의사에게 반문한다. "암이 있다니요. 나는 느낄 수가 없군요. 그럼 내가 곧 죽게 된다는 말입니까?" 그러나 의사는 그에게 심각하게 말한다. 이대로라면 죽게 될 수 있다고 말한다. 마치 이런 암 환자와도 같이 우리는 죽음으로 가는 길에 있음에도 불구하고 그것을 인식하지 못한다. 바로 죽음과 삶의 갈림 길에서 주님은 생명으로 인도하기 위해 부르시고 있다.

  그리고 주님은 사람들에게 세상에서 얻지 못할 쉼이 있을 것을 선포한다. "내가 너희를 쉬게 하겠다" 확실히 주님에게는 쉼이 있다. 이 쉼은 단순한 쉼이 아니다. 우리가 생각할 때에 일하다가 쉬는 그런 "쉼"이 아니다. 확실히 이 쉼은 하나님 나라의 안식과 관련이 있다. 세상에서는 아마도 이런 쉼을 얻는 적이 없을 것이다. 세상에서는 쉼을 어디에서 찾는가? 인간이 만들어 놓은 놀이나 문화 공간 혹은 유흥 주점에서 찾을 수도 있을 것이다. 여기에 내가 다 나열하지 않는다 하더라도 세상에서 쉼을 얻는다면 떠오르는 것들이 있을 것이다. 그러나 그런 쉼은 일시적인 것이고, 또한 단순한 쾌락의 추구와 관련된 것들이다.

  그동안 교회가 추구해 왔던 쉼은 어떤 것이 있을까? 복음은 어떤 쉼을 선포했을까? 아니면 신앙생활에서 어떠한 쉼을 생각해 보았는가? 주님이 무거운 짐을 진 자들은 다 오라고 초청했으니 짐은 정말로 가벼워지는 것일까? 나는 그렇지 않다는 것을 말하려고 한다. 예수 믿는다고 해서, 신앙에 입문했다고 해서 짐은 가벼워지는 것이 아니다. 예수님은 자신의 짐이 가볍다고 자신의 짐을 질 것을 권하고 있다. 그런데 예수님과 동시대에 태어나서 예수님과 같이 다녀보라! 과연 예수님의 짐은 가벼울까? 아마도 여러분은 말할 것이다. "죄송합니다만, 저는 저의 짐을 지고 가겠습니다."

그렇기 때문에 예수님이 말씀하시는 안식은 세상에서 말하는 쉼과는 전혀 다른 안식이다. 더 무거운 짐, 세상에서 결코 내려놓을 수 없는 짐을 지고 가지만 안식할 수 있는 방법이다. 이 안식은 미래에 주어지는 것도 아니다. 바로 현재 우리가 살아가는 삶에서 경험할 수 있는 안식이다. 그럼에도 불구하고 우리는 신앙생활에서 쉬운 길을 원하고 있다. 잘 되는 길, 성공하는 길, 세상에서 부하게 되는 길을 원하고 있다. 또한, 삶에서 고통이 제거되기를 원하며, 원치 않는 어려움들이 없어지기를 바란다. 그러나 그런 "기복"이 기독교적인 것인지는 반문해 보아야 한다.

예수님의 별명은 "세리와 죄인의 친구였으며 먹기를 탐하고 포도주를 즐기는 사람"이었다. 예수님은 그렇게 무거운 짐을 진 자들과 함께 했으며, 그들에게 안식을 선포했다. 확실히 무덤 속에는 안식이 있다. 무덤 속에는 고통이 있을 수 없기 때문이다. 그러나 무덤 곁에는 안식이 없다. 무덤 옆에 앉거나, 무덤 곁에 서는 것, 혹은 무덤을 찾아가는 것은, 무덤 속에 눕는 것과는 다르다. 아무리 무덤 속에 안식이 있다 할지라도 무덤 속으로 들어갈 수는 없다. 무덤 곁에 서는 것은 가능하지만, 그 이상을 갈 수는 없다. 아무리 당신의 삶에 고통이 많을지라도, 삶이 당신을 그냥 내버려 두지 않을지라도 우리는 어쩔 수 없이 삶의 현장, 일터, 세상으로 나가야 한다. 말씀이 우리에게 가르치고자 하는 안식은 무덤 밖에서의 안식이다. 다른 말로 표현한다면, 이 안식은 고통 속에서의 안식이지 고통이 제거된 안식이 아니라는 의미이다.

안식을 무덤과 비교하여 설명했으니, 계속 무덤이야기를 해 보자.

성경에는 무덤 사이에 거처가 정해져 살아가는 사람이 나온다.^{막5:2~3} 32) 거라사 지방에 사는 미친 사람이다. 그는 더러운 귀신들린 사람으로 나온다. 그는 무덤 사이에 살고 있다. 그는 무덤 사이에 거처가 정해져서 인간 사회에서는 죽은 자나 다름이 없다. 그는 살아 있으나 죽은 자나 다름이 없었다. 그는 애석하게 생각되지도 슬프게 생각 되지도 않는, 매장되지는 않았으나 송장이나 마찬가지인 그런 사람이다. 요컨대 죽음에도 삶에도 속하지 않는 그런 사람, 바로 그런 사람도 예수님께 와야 한다. 그는 귀신 들려 무덤 사이에 거처를 정할 수밖에 없었다. 그는 인간 사회에서는 무자비하게 축출되고, 그러면서도 아직 무덤으로부터 가엾다 하여 받아들여지지도 않는 사람이다. 바로 이런 사람을 예수님이 오라고 초청하셨다. 왜냐하면 여기에는 안식이 있기 때문이다. 그러면서도 여기에는 생명이 있기 때문이다.

나는 요즘은 이렇게 송장같이 사는 사람이 더 많아 보이기 때문에 거라사 광인을 예로 들었다. 그때야 무덤과 무덤 사이에 거했을 뿐이지만, 지금은 도시 한 복판에서 이런 사람을 발견한다. 그들은 이 사회에 있으나 이미 사회에서 소외당했고, 무덤에 묻히고 싶으나 무덤에서도 거절당했다. 있으나 없는 것처럼 대우받는 사람이 더 많아진다. 사람은 더욱 더 도시로 몰려든다. 그러나 바로 옆에서

---

32) 예수께서 배에서 내리시니, 곧 악한 귀신 들린 사람 하나가 무덤 사이에서 나와서, 예수와 만났다.

고통 받고 신음하는 소리를 들을 수 없다. 이미 영적으로는 영원한 파멸로 가고 있다. 이 사람도 똑같이 지금 부르신다. "오라!" 그리고 여기에는 참 안식이 있다. 이 안식은 무덤 속의 안식과는 분명히 다른 안식이다. 어떻게 다를까? 고통 속에서의 안식이라는 점이 다르다. 더 무거운 짐을 진 상태에서의 안식이라는 점이 다르다. 예수님의 짐이 쉽다고 너무 일찍 속단하지 말라!

당신은 세상으로 가야 한다. 그곳은 여전히 무거운 짐이 있지만, "오라"고 부르신 주님 안에서 당신은 고통 속에 안식할 수 있다. 단, 그분께 올 때, 무거운 짐은 그분에게 내려놓아야 한다. 그분에게 맡김으로써 안식을 얻기 때문이다. "나는 마음이 온유하고 겸손하니, 내 멍에를 메고 나한테 배워라. 그리하면 너희는 마음에 쉼을 얻을 것이다."마11:29 우리의 삶에 이 멍에는 사라지지 않는다. 우리는 삶의 멍에를 지고 가야 한다. 내려놓을 수 없다. 그러나 주님의 멍에는 다르다. "내 멍에는 편하고, 내 짐은 가볍다."마11:30 주님의 멍에는 가벼워서 가벼운 것이 아니고, 더 무겁지만 가볍게 지고 가는 법을 배우기 때문에 가볍다.

이 세상에서 어떤 위로도, 어떤 구원도, 어떤 기쁨도, 어떤 소망도, 어떤 성공도, 어떤 사랑도, 어떤 믿음도 발견하지 못해 괴로워하는 자들이여, 어서 오라! 그분께서 당신에게 안식을 주기 원하신다. 그 초대의 소리가 들리지 않는가? 당신도 동일하게 초청 받았다. 그러나 그분께 나아 올 때, 이 사회에서 하듯 그렇게 행동하지는 마라. 즉, 젊은 사람이 몸을 치장하면, 그가 연주회나 결혼식이나 중요한 자리에 초청받은 것을 알 수 있다. 당신이 수고하고 무거운 짐을 졌다고 생각하여, 또 그렇게 수고하고 무거운 짐을 진 자를 초청했다고 하여, 몰골을 사납게 하고 가지는 마라. 만약, 당신이 수고하고 무거운 짐을 지고 있다면, 머리에 기름을 바르고 얼굴을 씻고 나오는 것이 더 좋다.마6:17 33)

3) 실족하지 않는 자는 복이 있다

그분은 초대하실 때, 어떤 모습을 하셨을까? 예수님께서는 왕의 모습으로 이 세상에 오신 것이 아니다. 이 세상에서 가장 비천한 모습으로, 말구유에서 태어 나셨다. 무엇보다 이 말씀을 하실 때 또한 그는 비천한 모습으로 계시고, 비천한 처지에 계신 예수 그리스도이시다. 히브리서의 말씀처럼, "예수 그리스도께서는 어제나 오늘이나 영원히 한결같은 분이십니다."히13:8 2000년 전이나 오늘날에도 똑같은 주님의 모습이다. 그는 스스로를 낮추시고 종의 모습을 취하셨다.빌2:6~8 34) 바로 이 주님은 비천한 주님이시지 영광 속에 오신 주님이 아니시다. 그러나 주님은 영광 속에 다시금 오시리라고 말씀하셨다.막13:26 35) 영광 속에서 재림하실 주님도 역시 같은 예수 그리스도이시다. 그러나 재림은 아직 실현되지는 않았다.

---

33) 키에르케고르, 『그리스도교 훈련』, p. 34.
34) 그는 하나님의 모습을 지니셨으나, 하나님과 동등함을 당연하게 생각하지 않으시고, 오히려 자기를 비워서 종의 모습을 취하시고, 사람과 같이 되셨습니다. 그는 사람의 모양으로 나타나셔서, 자기를 낮추시고, 죽기까지 순종하셨으니, 곧 십자가에 죽기까지 하셨습니다.
35) 그 때에 사람들이, 인자가 큰 권능과 영광에 싸여 구름을 타고 오는 것을 볼 것이다.

그렇다면 그분은 지금 영광 중에 계신 것이 아니다. 주님은 영광 중에 오신다는 말씀을 하신 것이 비천한 처지에 있을 때였다. 그런데 믿는 자가 되려면 비천한 모습으로 계셨던 그분에게로, 실족의 대상이고 신앙의 대상이신 그분께로 옴으로써만 가능하다. 주님은 다른 모습으로 존재하는 것이 아니다. 종의 모습으로, 비천한 모습으로 현존하신다. 그러나 사람들은 장차 그분이 영광 속에서 오시기를 소망한다. 그것을 믿고 소망할 자는 종의 모습으로 왔던, 비천한 모습으로 왔던 말구유의 예수님이시다. 그래서 "이것을 행하여 나를 기억하여라."눅22:19 36) 고 말씀하셨던 주님은 영광의 주로 오신 예수님이 아니라 말구유의 예수님이시다. 그는 스스로 자기를 낮추셨다. 비천한 처녀의 몸에서 태어나시고, 목수를 아버지로 모시고, 가장 낮은 계층에 속하는 단순한 사람을 친척으로 가진, 비천한 신분의 인간이시다. 이 비천한 인간이, 그럼에도, 자신을 하나님이라고 말씀하신다. 이것은 마치 불에다 기름 붓는 것과 다를 바 없다. 왜냐하면 실족은 바로 여기에서 발생하기 때문이다.

이 말씀을 전하시는 분이 스스로 낮아지신 예수 그리스도이시다. 그러니 만약, 당신이 비천 속의 그분과 동시에 있는 몸이 되어서, 예수님의 동시대 사람들과 꼭 마찬가지로 "내게 실족하지 않는 자는 복이 있도다"라는 경고에 귀 기울이지 않는다면, 당신은 그리스도의 말씀을 하나라도 자신의 것으로 만드는 것이 용납될 수 없고, 그

---

36) 예수께서는 또 빵을 들어서 감사를 드리신 다음에, 떼어서 그들에게 주시고 말씀하셨다. "이것은 너희를 위하여 주는 내 몸이다. 이것을 행하여 나를 기억하여라."

분과는 전혀 상관없고, 그분과는 아무런 교제도 할 수 없다. 다른 말로, 이 말씀은 당신에게 어떤 역사하는 힘이 없을 것이다. "수고하며 무거운 짐을 진 사람은 모두 내게로 오너라."고 말씀하시는 분은, 스스로를 낮추신 예수 그리스도이시다. 주님은 백성 중에서도 가장 낮은 계층에 속하는, 보기에도 민망한 열두 제자를 데리고, 한때는 호기심의 대상도 되었으나, 나중에는 오로지 죄인과 세리와 문둥이와 미치광이의 벗이 된 그 사람이다.

자 그럼 생각해 보자! 이제는 오라, 수고하고 무거운 짐을 진 자여. 친구여. 당신이 귀머거리이고 절름발이이고 문둥이였다고 할지라도, 또 당신이 이제까지 거의 볼 수도 들을 수도 없었던 세상의 온갖 불행을 당신의 불행의 가죽부대에 꽉 채우고 있었다 할지라도, 그런 당신을 그분이 기적으로써 구해 주시겠다고 했다고 하자. 그리고 예수님과 동시대에 있다고 상상해 보라. 당신은 그분을 쉽게 믿을 수 있겠는가? 예수님은 스스로 거의 거지나 다름없이 하고 다니신다. 그런 예수님이 자신에게 와서 편히 쉬라고 하신다. 그렇다고 해서 당신은 그분의 초청을 쉽게 받을 수 있는가? 차라리 병자, 귀머거리, 절름발이, 문둥이로 있는 편이 낫지 않을까? 왜냐하면, 그런 모든 고통보다는, 그분에게 구원 받으면 내려질 형벌을, 즉 남들과 교제가 끊기고, 허구한 날 멸시 당하고, 비웃음 당하고, 그리고는 아마도 목숨까지도 잃게 될 그 형벌을 두려워하지 않겠는가? 두려워하는 것이 인간에게는 당연하다. 당신이 다음과 같이 생각한다면 인간다운 태도일 것이다. "고맙습니다만 사양하겠습니다. 그런 결과가 되리라는 것을 알면서도 도움을 받기 보다는 역시 이대로 귀머거리, 소경으로 있는 편이 낫겠네요." 그렇기 때문에, 예수님과 동시대에서 이 말씀은 실족이다.

"오라! 오라! 수고하고 무거운 짐을 진 자들은 모두. 오라! 와서 보라!" 그분은 당신을 부르신다. 만약, 고급 승용차를 끌고 화려한 옷을 입은 멋있는 남자가 낭랑하게 울리는 멋진 음성으로 위와 같이 알리고, 그의 음성이 건물의 천청에 즐겁게 메아리친다면, 그때는 어떨까? 그렇다면 당신은 이 남자에게 실족하지 않고 따를 수 있을까? 당신이 그것에서 무슨 의미를 찾아낸다고 해도, 그것이 기독교가 아니라는 것은 확실하다. 이것이야말로 기독교와 정반대의 것이다. 그럼에도 불구하고 기독교는 점점 더 즐겁게 울리는 낭랑한 목소리를 찾고 있고, 그렇게 울릴 건물을 찾고 있다. 그러나 부르시는 분이 왜 그렇기 부르는지는 생각해 보라![37]

오늘날 마치 주님께서 영광중에 오신 분처럼 포장되어 설교되는 일이 있다면, 예수님께서 대단한 분으로 오셔서 이 세상에 엄청난 변화를 몰고 온 분이리는 사실을 부각시키는 어떤 설교나 선포가 진행된다면, 그래서 그분을 찬양하고 그분의 병 고침과 기적에 대하여 찬사를 보내며, 역시 이 모든 것은 주님이 하신 일이라 찬양한다면, 어떻게 해서든 주님을 멋진 포장지에 넣어서 담으려한다면, 그때 당신은 먼저 기억해야 할 것이 있다. 십자가에 달려 돌아가신 주님께서는 그림처럼 있는 것이 아니라 실오라기 하나 걸치지 않았

---

37) 키에르케고르, 『그리스도교 훈련』, pp. 59-60.

다는 것을. 그는 비천한 신분으로 오셔서 비천하게 살다 가신 분이시며, 마지막 죽을 때까지도 그렇게 비참하게 죽으셨다는 것을.

"수고하며 무거운 짐을 진 사람은 모두 내게로 오너라. 내가 너희를 쉬게 하겠다!" 초청하신 그분께서는 지금 어떤 모습을 하고 있는가? 당신은 이 말을 믿을 수 있겠는가? "아니, 정말 쉼이 필요한 사람은 바로 당신이 아닌가?"라고 말하지는 않을까? 아니면 다음처럼 말할 것이다. "이것이야말로 가장 사리에 맞지 않는 미치광이 놀음이다. 그야말로 웃어야 할지 울어야 할지 알 수 없는 노릇이다." 이 말씀은 비천한 자의 입에서는 절대로 나올 수 없는 이야기 아닌가? 차라리 그분께서 '나를 도와 달라, 나를 좀 위로해 달라!' 혹은 '나는 당신들을 경멸한다!' 라고 했다면 그래도 이해가 될지 모르겠다. 그러면, 확실히 사람들을 매혹시키는 광경이었을 것이다. 따라서 이 말씀은 그 당시에 많은 사람들에게 실족이 되었을 것이다.

조금 더 앞으로 나가 보겠다. "수고하며 무거운 짐을 진 사람은 모두 내게로 오너라." 이 말은 불행한 사람들을 초청하여, 거지꼴을 하고 있는 예수님과 함께 함으로써 그들에게 닥칠 온갖 불행한 결과까지도 책임져야 하는 것처럼 들리지는 않는가? 만약, 당신이 동시대에 살았으면 어떨까? 그 당시에 예수님을 조롱하던 많은 사람이 있었다. 예수님을 비웃고 조롱했던 사람들이 조금 이해되는가? 아마도 가장 선량한 비난자라도 다음과 같이 말할 수밖에 없었을 것이다. "이제 농담은 그만하지요. 그분이 사람들을 구하다니! 본인이 저런 상태에 있는 주제에, 남을 구하려 하다니. 그건 모름지기 그가 손대서는 안 될 엉뚱한 일이었어." 그렇기 때문에 주님은 그 당시에 실족의 표징이었다.

예를 들어, 매일같이 거지처럼 사는 사람이 하나 있었다. 그는 역이나 다리 밑에서 근근이 살아가는 사람이었다. 요즘으로 말하자면, 노숙자나 다름이 없었다. 가끔은 먹을 것이 있는지 쓰레기통도 확인하기도 했다. 그런 거지같은 사람이 어느 날 절도 피해자로 경찰에 신고 한다. 그러면 경찰이 찾아 왔을 때, 도둑맞았다는 것을 경찰이 믿겠는가? "아니, 거지 주제에 네가 모든 것을 다 털렸다는 것이 말이 되는가? 어째서 거짓말을 하는가?"라고 경찰은 반응하지 않을까? 동시대에 사는 사람들이 주님을 봤을 때에는 아마도 이보다 더 예수님을 믿기 어려웠을 것이다. 본인이 가장 절실하게 구원을 필요로 하는 주제에 남을 구하겠다고 하다니, 이 역시 똑같은 모순 아닐까? 글자 그대로 머리 둘 곳도 없으셨던눅9:58 그 사람이, 인간으로서의 모습이 "보시오, 이 사람이오"요19:5라고 적절하게 평가된 그 사람이, 수고하는 자는 모두 내게로 오라, 내가 너희를 구해주겠노라 알리신다는 것은, 인간적으로 말해서 가장 이해하기 힘든 모순일 것이다. 그래서 예수님은 실족의 표징이다.

이쯤 되면 이제 우리는 우리 자신을 시험해 보아야 한다. 당신은 정말로 그리스도인 맞는가? 왜냐하면 우리는 실족의 대상이신 예수님을 만나지 않고서는 믿음에 이를 수 없기 때문이다. 그럼에도 불구하고 이제 실족이신 예수님은 기독교의 세계에서 점점 더 잊혀져가고 있는 것이 현실이다.

바로 그분이 스스로 하나님이라고 말씀하신 것은 뚜렷한 사실이다. 그것은 허다한 미치광이가 하는 짓과 다름없다. 거지꼴을 하고 있는 자가 하나님이라니! 그것은 신성 모독이다! 그래서 그분의 동시대 사람들은 모두 "이 사람이 하나님을 모독하는구나"마9:3, 26:65 라고 판단했던 것이다. 바로 그렇기 때문에 그분에게 구원 받는 사람들에게 형벌이 가해졌던 것이다. 똑같이 하나님을 모독한 자이니까. 그것은 아무도 잘못된 길로 빠져 들어가지 않게 하기 위한, 기존질서와 여론에서 나온 경건한 종교적 배려였을 뿐이다. 그분을 박해한 것은 하나님을 두려워하는 경건한 의무였던 것이다!

그러므로 그분께 구원 받으려는 사람은, 결심에 앞서서, 다음과 같은 사실을 곰곰이 생각해 보아야 한다. 즉, 당신은 인간의 반대를 각오해야 한다. 당신은 인간들의 반대에 대하여 견딜 수 있다고 치자. 그뿐 아니다. 동시대의 사고방식으로 돌아가 보면, 예수님처럼 당신은 하나님을 모독하는 자가 될 것이다. 즉, 당신의 반대자들은 당신을 하나님을 모독하는 자로 여길 것이고, 당신을 핍박하는 것은 하나님의 형벌을 이행하는 것이라고 생각하게 될 것이다. 주님은 그렇게 하나님께도 형벌을 받은 것이다. 이 세상에 유일하신 그분께서, 사랑으로 오신 그분이 하나님께 버림받았다. 사랑하는 독자인 바로 당신을 위하여 하나님께도 버림받은 것이다. 이 세상에 하나님께 버림받은 분은 예수님밖에 없다.[38]

---

38) 위의 책, pp. 61-62.

4) 역사는 그리스도를 증명할 수 없다[39]

만약, 예수님이 하나님이었다는 것을 역사에서 증명하려면, 어떤 한 인간이 하나님이라는 것을 증명하려면 어떤 일이 벌어질까? 어떤 한 인간이 하나님이었다는 사실, 즉 자신이 하나님이라고 말한다는 것은 실족 자체이다. 실족이 무엇인가? 무엇이 실족하게 할까? 온갖 인간의 이성에 거슬리는 것이 실족 아닐까? 그런데도 사람들은 증명하려 한다. 그러나 '증명한다'는 것은 어떤 것을 그 본연의 모습인 이성적 현실로 바꾸는 것이다. 그렇다면 온갖 이성에 거슬리는 것을 이성적 현실로 바꿀 수 있을까? 자기모순을 저지르지 않는 한, 그것은 불가능하다. 이성에 거슬린다는 것만 증명할 뿐이다. 그리스도의 신성의 증명으로 성서가 기록하고 있는 행하신 모든 기적과 죽음에서의 부활과 승천, 이것들도 역시 오로지 신앙의 대상이 될 뿐이다. 즉 그것은 '증명'이 아니다.[40]

그렇다면 역사에서 증명할 것이 있을까? 예수님이 존재하신 이래로 벌써 약 2000년이 흘렀다. 그 이름이 전 세계에 전파되었고 신앙이 되고 있다. 그의 가르침은 세계를 변화시켰고, 지금도 사회 구석구석 침투되어, 세계를 정복하고 있지 않는가? 그러니 역사의 흐름은 충분히 그리스도가 누구였는지 입증하고 있지 않는가? 그리스

---

[39] 예수 그리스도를 역사에 편입시킬 수 있는가는 중요한 논쟁 중의 하나이다. 그러나 나는 여기에 그런 논쟁들을 소개할 의지가 없다. 다만, 나는 그리스도를 역사의 운동으로 포함시키려는 운동에 반대한다. 예수 그리스도를 역사적 운동 속에서 해석하려는 사람 중에 대표적인 사람은 헤겔이며, 판넨베르크는 신학자 중에 대표적인 인물일 것이다.

[40] 위의 책, p. 41.

도가 하나님이었다는 사실이 입증된 것 아닌가? 그러나 역사는 그것을 충분히, 또는 그 이상으로도 입증하지 않으며, 영원히 입증할 수 없다. 이와는 반대로 처음에 열거된, 그분의 이름이 전 세계에 전파되었다는 사실에 대해서는 의심의 여지가 없다. 예수님이 신앙의 대상이 되었는지 아닌지는 아직 판단할 문제는 아니다. 기독교가 세계를 변화시켰고 사회의 구석구석까지 침투되어, 이것을 정복하였다는 사실도 의심의 여지가 없다. 왜냐하면, 지금도 우리는 기독교가 세계 속으로 나가는 것을 보기 때문이다.

그러나 도대체 그 사실이 무엇을 증명하는가? "예수님은 위대한 인물이었다. 누구보다 가장 위대한 사람이었다." 아마 고작해야 이 정도 증명할 따름이다. 그러나 그분이 하나님이었다고 하는 사실은 증명할 수 있는가? 그 결론은 하나님의 도움으로써도 절대로 끌어낼 수가 없을 것이다. 좋다. 그래도 한 번 시도해 보자. 예수님이 인간이었다는 가정에서 출발하여 2000년 동안의 역사를 그분이 만든 결과를 통해 재구성해 보자. 즉 추론은 다음과 같다. 비교급에서 출발하여 최상급으로 가는 방법이다. 위대, 더욱 위대, 가장 위대한 사람이 되고, 이윽고는 일찍이 생존한 사람 중에서 최고의 사람이 된다. 엄청나게 큰 사람, 이 세상에 다시는 나올 수 없는 사람이 되는 것이다. 그래도 그는 사람일 뿐이다. 다윈의 진화론에서조차 아무리 진화해도 종이 달라지지는 않는다. 인간이 비교급에서 최상급으로 진화하여 역사이래로 최고의 사람이 되었다할지라도 사람이라는 종은 사람일 뿐이다. 그렇게 진화한다 하여 2000년이라는 역사가 사람이 하나님이 되었다는 것을 증명할 수는 없다. 어떤 인간의 생애의 결과나 또는 어떤 결과가 어떤 곳에서, 이 사람은 하나님이라는 갑작스러운 증명으로 화할 수는 없다.

이토록 예수님이 하나님이라는 사실은 믿기 힘든 얘기였다. 물론, 이것은 요즘 시대를 말하는 것이 아니다. 예수님과 동시대 사람들의 이야기이다. 그 후 시간은 흘렀다. 예수께서 십자가에서 돌아가셨고 육체로 오신 예수님은 더 이상 존재하지 않는다. 예수님 사후 사람들은 어떨까? 그리스도가 하나님이었다는 사실이 그렇게 믿을 만한 이야기였을까? 약 100년경에 살았던 사람들은 그리스도가 하나님이었다고 보기 어려웠을 것이다. 그러나 이와는 정반대로 예수님이 하나님이었다는 확신은 세기가 진행됨에 따라서 더욱 강해져서, 지금에 와서는 이제까지 중에서 가장 확신 있게 그리스도를 하나님이라고 믿게 되었다.[41] 실족의 가능성도 없이.

이것은 도대체 무엇을 의미할까? 예를 들어, 어떤 길에 남겨진 발자국은 누군가 이 길을 지나간 결과임에 틀림없다. 그리고 내가 우연히 지니다가, 이것은 새의 발자국이라고 생각했다고 가정해 보자. 그런데 그 발자국을 잠시 따라가며 잘 관찰해 본 결과, 그것은 다른 동물이 틀림없다는 확신을 갖게 될지도 모른다. 그런데 발자국을 더 자세히 관찰해 본다. 좀 더 앞으로 따라가다가 어떤 곳에서, 발자국이 사라졌다. 그러므로 이 길을 지난 것은 하나의 영, 아무런 흔적도 남기지 않는 영요3:8이라는 추론에 도달할 수 있을까?

---

[41] 위의 책, p. 42.

그러므로 하나의 인간 존재가 가져온 여러 결과에서, 그분은 하나님이었다고 추론하는 것은 위의 예와 마찬가지이다. 어떤 누구도 그분은 인간이었다는 가정에서 출발하여 그분이 하나님이라는 결론을 내는 것은 영원히 불가능하다.

오늘날 기독교 신앙에서 하나님에 대한 모독은 다른 곳에서 발생한다. 정말 중요한 것은 예수님 자신이다. 그런데 사람들은 예수님 자체보다 예수님 삶의 결과에 더 관심을 둔다. 그리고 예수님의 삶의 결과를 보존 해 둔 것이 역사이다. 역사는 예수님에 대한 많은 지식을 보유하고 있다. 나는 그 지식의 도움을 받아 예수 그리스도에게 접근하려는 일체의 모든 시도에 대하여 항의하는 것이다. 이런 시도는 모두가 하나님을 모독하는 행위이다. 왜냐하면, 이것은 불신앙이기 때문이다. 불신앙은 기독교의 옷을 입는다. 그리고 불신앙 스스로는 그리스도교의 진리를 증명하는 증명자로 나선다. 불신앙이 기독교를 옹호한다. 그리고 2000년 역사 속에서 예수 그리스도의 생애의 결과에 대하여 증명을 시도한다. 그러나 신앙은 이때 이것이 하나님을 모독하는 짓이라고 주장한다. 사람의 경우를 생각해 보자. 사람에게는, 그의 생애가 가져온 결과는 상당히 중요하다. 왜냐하면, 우리는 어떤 사람이 이룬 업적을 보고 그를 평가하기 때문이다. 그러므로 그리스도가 누구였는가를 알려고, 그것도 추론으로 밝히고자 그의 생애의 여러 결과를 관찰한다면, 그것은 곧 그를 하나의 인간으로 만들어 버리는 일이다! 다른 사람과 마찬가지로 역사의 시련을 통과해야만 하는 하나의 인간으로 만들어 버리는 일이다.

 그러나 사람들은 역사의 도움을 받아, 예수님 생애의 여러 가지 결과를 관찰하고 공부한다. '그러므로' 그분은 하나님이셨다고 말한다. 그러나 신앙은 이와 정반대의 주장을 한다. 이 추론법으로 출발하는 사람은 신성모독을 출발점으로 한다고 신앙은 말한다. 그리고 "역사는 예수 그리스도와 아무 상관없다."고 말한다. 그분은 역사가 결코 소화할 수 없고, 또 공통된 추론 공식으로 옮겨 놓을 수도 없는 분이시다.

 역사는 항상 그분 자체보다 그분 생애의 결과에 더 관심이 많다. 그래서 그분이 무엇을 했는지 어떤 업적을 남겼는지를 묻는다. 인간의 역사란, 인간의 삶이란 다 그렇다. 그래서 모든 사람은 생애의 업적과 결과를 그 사람보다 더 중하게 여긴다.

 그러나 예수님을 생각해 보라! 하나님께서 이 지구상에서 한 인간으로서 사셨다는 사실은 어떤 사실보다 가장 무한히 특이할만한 사실 아닌가? 설혹, 그 사실이 거의 아무런 결과를 갖지 않았다 할지라도, 그 사건의 중요성은 변함없고, 여전히 특이한, 무한히 특이한 모든 결과보다 무한히 월등하게 특이한 사실로 남는다. 그러므로 이제 여기에서 특이한 점을 이 사건과 분리시키고, 그 자체만을 생각해 보자. 그러면 그 행위가 얼마나 어리석은가를 쉽사리 알 수 있다. 하나님의 생애가 특이한 결과를 낳았다는 것은 당연한 얘기지 그 무슨 특이한 것이 되겠는가라고 생각할 수도 있다. 그러나 하나님께서 인간으로 사셨다는 사실은 무한히 특이한 사실이다! 만약 어느 누군가가, 그리스도의 생애는 아무 결과도 낳지 않았다고 가정하고, 그분의 생애는 특이하지 않았다고 한다면, 이것은 하나님을 모독하는 짓이다. 왜냐하면, 그래도 여전히 그분의 생애는 특이한 일이기 때문이다. 하나의 인간으로 살았다는 사실에 중점이 있는 것이 아니라, 하나님께서 인간으로 사셨다는 사실에 무한한 중점이 주어진다. 그분이 사셨다는 사실이, 역사에 기록된 그 결과의 전부와 비해서도, 더욱 무한히 중요하다.[42]

5) 예수 그리스도는 신앙과 실족의 대상이다

보통 사람들이 동시대 사람들에게 억울한 취급을 당할 수 있다. 우리의 삶 속에서도 억울한 일을 당하고 진실을 알리려고 일인 시위를 벌이는 장면을 종종 목격한다. 혹은 억울하게 죽은 자를 역사가 그의 업적을 밝혀냄으로써 그 사람을 영웅으로 만드는 일도 있다. 결국, 세상에서는 그 사람이 어떤 사람인지 목격하지 못한 자는 결과로서 그가 남긴 업적을 알 때에만, 그가 어떤 사람이었는가를 상상할 수 있다. 인간에 관해서라면 그의 업적과 생애야말로, 그가 살았다는 사실보다 중요하다.

그러나 이제 한 사람을 생각해 보자. 이 사람은 진정한 모습이 인정되지 않았고, 오해받았고, 더하여 조롱까지 받고, 이윽고는 범죄자로서 죽임 당했다. 그 사람의 생애는 그 사람이 누구였는가를 밝힌다. 이런 결과를 간직한 역사는 그 사람에게 정당한 지위를 회복

---

[42] 위의 책, pp. 50-1.

시켜주고, 그의 이름은 위대하고 고귀한 사람의 이름으로 세기에서 세기에 걸쳐 전해지고 기념하게 된다. 그리고 그 사람이 굴욕 당한 것은 깡그리 잊어버린다. 그 사람의 진정한 가치를 인정하지 않는 것은, 동시대 사람들의 눈이 멀었기 때문이었고, 그 사람을 멸시하고 조소하고, 이윽고 죽여 버린 것은 하나님을 두려워하지 않는 포악한 짓이었다. 우리는 너무나 쉽게 이렇게 결론을 지을 수 있다. 그리고 우리는 다음과 같이 말할 수 있다. "그러나 이제 그분의 굴욕 받은 사건은 잊어버리십시오. 그가 죽은 후에, 즉 그의 생애의 결과에서, 비로소 그 사람의 진정한 가치가 나타났으니까. 그렇기 때문에 그분의 업적과 결과가 그의 생애보다 중요해지는 겁니다."

그렇다면 예수님에 대하여도 같은 말을 할 수 있을까? 그분 생애의 비극도 역시, 그 시대의 사람들의 눈이 멀어서, 하나님을 두려워하지 않는 포악한 짓을 했기 때문이다. 우리는 너무 쉽게 다음과 같이 결론에 도달할 수 있다. "그러나 이제 그 일은 잊어버립시다. 역사는 그분에게 정당한 위치를 회복시켜 주었습니다. 이제 우리들은 예수 그리스도가 누구신가를 역사에 의해서 알고, 그분을 정당한 곳에 안치해서 모시고 있습니다."

비탄할 노릇이다. 거룩한 역사를 세속의 역사로 바꿔버리고, 그리스도를 하나의 인간으로 바꿔 버리는, 하나님을 두려워하지 않는 무분별함! 역사에서 예수 그리스도에 관해서 무엇인가를 알아낼 수 있단 말인가? 절대로 없다. 예수 그리스도는 신앙의 대상일 뿐이다. 사람은 그분을 믿든가 아니면 그분에게 실족하든가, 어느 한 쪽을 선택해야만 한다. 왜냐하면, '안다'는 행위는, 그러한 분을 문제 삼지 않는다는 바로 그 사실을 의미하기 때문이다. 그러므로 역사가 지식을 제아무리 풍부하게 전달한다 하더라도 지식은 예수 그리스도를 헛되게 할뿐이다.[43]

예수님은 영광을 받으신 적이 없으시다. 그러므로 누군가 예수 그리스도의 업적과 생애를 말하면서 그분께서 당한 굴욕을 잊어버리는 것이 상책이라는 식의 외람된 말을 한다면, 그 얼마나 하나님을 모독하는 일인가? 예수님의 비천함은 그분에게 내려진 운명이 아니다! 오히려, 그리스도께서는 스스로 굴욕당하는 사람, 비천한 사람이 되기를 원하셨다. 그렇기 때문에 그분 스스로 자신의 상황을 선택하신 것이고, 그렇게 비천과 굴욕에 결합되어 있기를 그분이 원하신 것이다. 어느 누구든지 이 매듭을 절대로 풀려 해서는 안 된다. 그리고 또 영광 중에 재림하심으로써 그분 스스로 이 매듭을 푸시기 전에는, 어느 누구도 매듭을 풀 수 없다. 바로 이 지점이 사람들의 생애의 업적과 결과를 중요시하는 역사와 다른 점이다. 사람들은 그들의 진가와 업적이 인정받지 못할 때, 역사가 사람들의 전정한 가치를 드러나게 한다. 그러나 그리스도께서는 스스로 굴욕당하는 사람이 되기 원하셨다. 굴욕적 모습이야말로, 그분이 그렇게 인정받으시기를 원하신 자신의 진가였다. 그분은 환경에 휘둘린 적이 없고, 스스로 굴욕과 비천의 삶을 선택하셨다.

그러므로 역사는 그분의 정당한 지위를 회복하려고 결코 고생할

---

[43] 위의 책, p. 52.

필요가 없다. 또 우리는 하나님을 두려워하지 않고, 무분별하게 그분이 누구이셨는지를 훤히 안다고 외람되게 생각해서도 안 된다. 왜냐하면, 그것을 아는 사람은 아무도 없기 때문이다. 그리고 그것을 믿는 사람은 비천한 모습으로 계시는 그분과 동일한 자가 되어야만 한다. 어떤 능력행사나 신성한 영적 능력을 사모하는 모습도 잘못된 형태의 신앙이다.

하나님께서 천한 몸으로 태어나기를 택하시고, 일체의 가능성을 장악하고 계신 분이, 천한 종의 모습을 하시고, 무방비 상태로 걸으시고, 자신의 몸을 사람들이 마음대로 하도록 내맡기려고 하셨다면, 그분 자신이 무엇을 하려고 하시는가, 또 왜 그러기를 원하시는가를 잘 알고 계셨을 것이 틀림없다. 이런 의미에서 인간을 자신이 지배하는 손아귀에 장악하고 계신 이는 역시 그분이시지, 인간이 그분 위에서 지배력을 휘두른 것이라고 할 수 없다. 그러므로 역사도, 그분이 누구였는가를 드러내 보이려는 따위의 무엄한 짓을 해서는 안 된다.

끝으로 또 누군가 그리스도가 당한 박해는 우연한 사건이라는 따위의 외람된 말을 지껄인다면, 이 또한 신성모독이 아닐 수 없다. 사람은 우연히 박해 받을 수도 있다. 그러나 그 사람이 다른 시대에 태어났더라면 박해 받지 않을 수도 있다. 하지만, 예수 그리스도는 다르다. 그분이 자진하여 사람으로 태어나시고, 유대 땅에 나타나신 것은, 역사로부터 시험 받기 위함이 아니다. 시험관은 바로 그분이시다. 그리고 그분의 생애야말로 시험문제이다. 그리고 그 문제를 받은 것은 그 시대의 사람들뿐만 아니라, 전체 인류이다. 지금 이 글을 읽는 당신도 시험관을 통해서 시험문제를 받은 것이다. "그리스도가 당한 부당한 처사는 깨끗이 잊어버리는 것이 좋습니다. 이제 이 역사는 그가 누구였는지를 밝혀 주었고, 그를 정당한 지위에 안치하였습니다"라고 무엄하게 말하려는 이 시대에 화있을지어다!

예수님이 비천한 종의 자리에 오신 것은 절대 우연이 아니다. 그가 스스로 선택한 자리였다. 인간이 시대에 휘둘리듯이 재수 없이 시대의 조류에 휘둘린 것이 아니다. 무엄하게도 그분에게서 비천함을 제거하고, 혹은 그분이 당하신 부당한 일을 망각케 하여, 그분을 역사적 성과라는 인간적 영광으로써 치장하려는 자는 화있을지어다! 그런 것은 그분의 비천한 모습도 아니고, 또한 영광된 모습도 아니다.[44]

6) 불행의 시대가 되다

그러나 예수님은 지금 어느 쪽의 모습도 아니다. 즉, 비천한 모습도, 영광 중에 오신 분도 아니다. 너무나 오랜 세월 예수님은 본래 모습을 회복하지 못했다. 그렇게 기독교에 불행이 왔다. 예수님은 땅위에 사신 때의 그분이 아닐 뿐만 아니라, 또 그분의 재림에서 보이실 그분도 아니다. 사람은 그분을 하나의 인간으로 만들었다. 그리고는 용납할 수 없는 방식으로 역사에서 그리스도에 관한 약간의 지식을 끌어내고는, 그로써 그분이 어떤 위대한 인물이었음을 알게

---

[44] 위의 책, pp. 54-5.

되었다. 사람은 용납될 수 없는 부당한 방식으로 그리스도에 관해서 아는 자가 되었다. 왜냐하면, 용납되는 일은, 믿는 자가 되는 일뿐이기 때문이다. 사람은 그리스도의 생애와 그에 따르는 결과와 업적을 2000년 역사를 통해 해답을 알았다고 공언하며 서로를 격려했다. 그것이 점차 지혜로 변해감에 따라, 기독교에서 모든 활력은 제거되고 말았다. 역설인간의 지혜로 이해할 수 없을 때 옳은 긴장을 잃고, 사람들은 그것도 눈치 채지 못하고, 또 실족의 가능성 따위는 전혀 모르고, 그리스도인이 되었다. 그리고 그의 가르침을 받아들이고, 그것을 뒤집어보거나 닦아 보았다. 많은 연구도 뒤따랐다. 무슨 짓을 하든지 다 허용되었다. 왜냐하면, 그리스도께서 그 진리를 보증하기 때문이었다. 만사가 실로 원활하게 진행되었다. 마치 다리가 바지로 미끄러져 들어가듯이 자연스럽게 진행됐다. 이렇게 기독교는 점차 변질되었다.[45]

이제 기독교는 기독교가 지닌 찬란하고 더할 나위 없는 여러 진리에 관해서, 또 그 부드러운 위로에 관해서, 주일마다 한없이 되풀이되는 수다뿐이다. 그러나 사람들은 그리스도가 사신지 이미 2000년이 경과했다는 사실을 분명히 알고 있다. 실족의 표징이시고 신앙의 대상이신 분이, 이제는 동화에 나오는 인물 중에서도 가장 기상천외한 존재가 되고 말았다. 신적인 바보가 되고 말았다. 사람들은 실족한다는 것이 어떤 것인지도 모른다. 하물며 예배드린다는 것이

---

45) 위의 책, p. 56.

어떤 것인지는 더욱 모른다.[46] 그렇기 때문에 지금 당장 필요한 것은 기독교 세계에 다시 기독교를 재도입하는 노력이다. 오히려 이제는 비기독교 세계가 아니라 기독교 세계에 선교해야 하는 시대가 되고 말았다.[47]

이런 상황 속에서 우리가 해야 할 일은 무엇일까? 실족을 가르쳐야 한다. 동시대 제자도의 원리로 돌아가야 한다. 우리는 실족이라는 것을 모르고, 삶에서 오는 불합리함과 죄에 대한 깊은 통찰 없이 기독교인이 되었다. 당신은 어떤가? 실족을 배워본 적이 있었는가? 혹은 깊은 죄에 대한 염려가 있었는가? 이미 한국 땅은 많은 곳에 복음이 전파되었다. 그리고 교회는 그리스도가 하나님이라는 것을 자연스럽게 받아들였다. 그러나 죄에 대한 깊은 통찰은 없었다.

이제 죄에 대하여 조금 더 생각해 보자. 만약, 정말로 죄에 대한 통찰이 있었다면 어떤 일이 벌어질까? 죄에 대한 분명한 인식이 있었다면 어떤 일이 벌어질까? 어떤 것이 유혹이고 어떤 것이 시험일까? 무엇이 본질적인 무거운 짐일까? 사업에 망한 사람이 무거운 짐을 진 것일까? 연애에 실패해서 절망한 사람이 무거운 짐을 진 것일까? 아니면, 지금 죽을병에라도 걸려서 육신의 질병으로 투병하는 사람이 무거운 짐을 진 것일까? 아니면, 사랑하는 사람을 떠나보내야 하는 이별의 아픔을 경험하는 사람이 무거운 짐을 진 것일까? 아니면, 갑자기 직장에서 문제가 발생하여 직장을 그만 둔 사람이

---

46) 요즘은 더욱 혼란스러워졌다. 아마도 그 이유는 예배가 영성 운동과 결합되었기 때문일 것이다. 아마도, 신사도 운동이 대표적인 예일 것이다.
47) 위의 책, p. 57.

무거운 짐을 진 것일까?

무엇이 주님 앞에 나올 무거운 짐이겠는가? 우리는 세상에서 많은 유혹을 경험한다. 이 유혹들은 전부 우리의 삶에서 벌어지는 일들이다. 금전적 유혹, 남녀의 유혹, 권력 다툼 등 수많은 유혹이 있다. 그리고 이러한 유혹에 넘어져서 좌절했을 때에도 우리는 엄청나게 무거운 짐을 지게 된다. 그러나 주님 앞에 나올 무거운 짐이란 이런 것들이 아니다. 그 어떤 것보다도 본질적인 무거운 짐이 있다. 주님 앞에 나올 무거운 짐은 "죄에 대한 염려"이다. 오늘날 현대 교회에 사라져 가는 본질은 죄에 대한 염려이다. 우리 현실의 문제는 이 죄에 대한 염려를 그렇게 삶의 가장 큰 무게로 느껴본 적이 없다는 것이다.

죄 많은 여인을 생각해 보라. "그러므로 내가 네게 말한다. 이 여자는 그 많은 죄를 용서받았다. 그것은 그가 많이 사랑하였기 때문이다."눅7:47 이 여인은 이름도 나와 있지 않다. 그냥 죄인인 한 여자일 뿐이다. 이 여인이 방문한 곳은 바리새인의 집이었다.

> "바리새파 사람 가운데에서 어떤 사람이 예수께 청하여, 자기와 함께 음식을 먹자고 하였다. 그래서 예수께서는 그 바리새파 사람의 집에 들어가셔서, 상에 앉으셨다. 그런데 그 동네에 죄인인 한 여자가 있었는데, 예수께서 바리새파 사람의 집에서 음식을 잡숫고 계신 것을 알고서, 향유가 담긴 옥합을 가지고 와서, 예수의 등 뒤에 발 곁에 서더니, 울면서, 눈물로 그 발을 적시고, 자기 머리털로 닦고, 그 발에 입을 맞추고, 향유를 발랐다. 예수를 초대한 바리새파 사람이 이것을 보고,

혼자 중얼거렸다. "이 사람이 예언자라면, 자기를 만지는 저 여자가 누구이며, 어떠한 여자인지 알았을 터인데! 그 여자는 죄인인데!" 눅7:36~39

이 성경구절은 죄인인 한 여인에 대한 배경을 설명한다. 이 날은 잔칫날과 다름없었다. 일종의 연회며 파티였다. 분위기는 상당히 좋았다. 예수님과 적대적 관계로 만난 것이 아니라 예수님을 초청했다. 그러나 바리새인은 죄 많은 이런 여인과는 상종도 하지 않았을 것이다. 이런 상황 속에서 잔치를 벌이는 만찬의 자리에 이 여인이 방문한다면 어떤 일이 벌어질까? 아마도 바리새인은 이미 이 여인이 죄인인 것을 알았고, 그것을 알지 못하는 예수님의 반응이 무척이나 궁금했을 것이다. 그런데 여기에 바리새인이 예상치 못한 일이 벌어졌다. 이 여인은 울면서 예수님의 발에 향유를 부었다. 바리새인은 속으로 생각했다. "이 사람이 예언자라면, 자기를 만지는 저 여자가 누구이며, 어떠한 여자인지 알았을 터인데!" 그렇다. 이 여인은 죄인이다. 어떤 죄를 지었는지는 모른다. 성경에는 그냥 죄인이라고만 나와 있다.

그런데 그녀는 자신이 그곳에 가면 분위기가 깨지고 만찬은 엉망이 될 것을 알면서 왜 갔을까? 도대체 여인을 그곳으로 가게 만든 것은 무엇일까? 여자에게 수치는 가장 강한 것, 생명보다 강한 것이다. 여자들은 수치를 당하느니 차라리 목숨을 버린다. 그러므로 이 수치심이 그녀를 죄에서 멀리하고 또 막는 것은 당연하다. 그러나 더 곰곰이 생각해 보자. 이미 이 여인은 파멸하고 있었다. 만일, 그녀가 자신의 모든 죄를 고백하고 집으로 돌아 왔다면, 수치심은 더 강력하고 분쇄적이며, 파괴적이 될 것이다. 어쩌면 이 사건 때문에 여인은 파멸의 길로 더 가게 될지도 모른다.48)

그럼에도, 이 여인을 사로잡은 것은 무엇일까? "죄에 대한 염려"이다. 사업의 실패, 연애의 실패, 육신의 질병도 아니다. 그 어떤 것도 이 염려보다 더하지 않았다. 죄인인 이 여인은 확실히 잔치를 방해했다. 심지어 울기까지 한다. 그러나 여인 안에는 어떠한 두려움도 없다. 너무나 대담하게 모든 행동을 해 나갔다. 그녀는 자신을 증오하였다. 그녀는 죄인이다. 죄의 무거운 비밀49) 보다 더 무겁게 사람 위에 놓인 것은 없다. 그러나 이것보다 더 무거운 것이 하나 있다. 그것은 죄를 고백하러 가는 것이다. "죄의 고백"은 그만큼 더 어렵다. 다른 사람에게 죄를 고백한다고 사라질까? 어쩌면 인간의 동정이 죄의 무게를 가볍게 할지도 모르겠다. 그러나 사라지지는 않는다. 따라서 이 참회와 고백은 오직 은밀한 곳에 계시며, 또한 모든 것을 통찰하시는 하나님 앞에서만 해야 할 것이다. 따라서 참회는 사람의 마음 속에 깊이 간직된 채로 있어도 좋다. 사람에게 고백할 필요가 없음을 의미한다. 그러나 잔치 자리에서, 더구나 한낱 여인이! 그곳은 결코 은밀한 자리가 아니다. 조명도 희미하지 않다. 대낮이다. 무덤 같은 분위기가 아니다. 같이 있는 자들은 잠잠하거나 숨어 있는 자가 아니다. 모든 것을 낱낱이 드러낼 기세로 있는 자

---

48) 키에르케고르, 『적게 사함을 받은 사람은 적게 사랑한다』(서울:프리칭아카데미, 2005), p. 46.
49) 죄는 고백하지 않는 한, 드러나지 않는다. 즉, 죄는 고백할 때만 알 수 있다. 이런 의미에서 죄는 스스로 고백하지 않는 한 무거운 비밀이다.

들이다. 여러분 생각해 보라. 죄에 대해 고백 할 때, 사람들은 은밀한 장소에서 단 둘이 이야기한다. 심지어 범죄자를 심문할 때조차도 단 둘이 들어가서 고백을 끌어낸다. 왜냐하면, 사람이 많은 자리에서 절대로 죄를 고백하지 않기 때문이다. 그러나 죄인이 그것도 잔치 자리에서 자신의 모든 죄를 낱낱이 고백한다면, 이 고백은 가장 잔인한 발명, 죄인에게는 가장 잔인한 순간이 될 것이다. 도대체 이 고문을 생각한 자가 누구일까? 이렇게 잔인한 고문이 또 있을까? 이 잔인한 자리를 택한 자가 누구인가? 예수님일까? 아니다. 바리새인일까? 아니다. 그러면 누가 이런 자리로 여인을 초청했는가? 바로 자기 자신이다. 이 가엾은 여인은 스스로 잔인한 고문의 자리를 택했다. 그녀는 자신을 증오했다. "죄에 대한 염려"는 그녀를 가장 잔인한 자리로 내 몰았다. 사업의 실패가 아니다. 연애의 실패가 아니다. 질병의 고통이 아니다. 오직 "죄에 대한 염려"가 그녀를 가장 잔인한 자리에 가게 했다.[50]

  이 울음 속에 망각이 있다는 것은 가장 큰 축복이다. 그녀는 이 자리에 오면서 완전히 자기 자신을 잊었다. 자신을 완전히 잊지 않고서는 절대로 그렇게 주위를 잊을 수 없기 때문이다. 마치 마약에 취해, 혹은 술에 취해 주변을 전혀 의식하지 않는 사람처럼 그녀는 주변을 의식하지 않았다. 그러므로 이 눈물은 복된 눈물이다. 사실 이 자리야말로 그동안 그녀에게 가장 상처 주었던 자리일 것이다. 가장 두렵게 하고 아프게 했던 자리일 것이다. 그러나 그녀는 여기서

---

50) 위의 책, p. 47.

운다. 하염없이 운다. 울음으로 그녀는 자기 자신을 잊었다. 아, 이 자기 망각의 복된 눈물이여![51]

그녀는 완전히 자기 자신을 잊었다. 그러나 실로 이 자기 망각이야 말로 큰 사랑의 참된 표현이다. 왜냐하면, 이 망각 속에서 오직 그녀는 예수님만 보았기 때문이다. 그녀의 눈에는 주님밖에 보이지 않았다. "죄에 대한 염려"가 모든 것을 잊어버린 채 주님을 향하게 했다. 만약 수치를 생각했다면, 만약 바리새인을 생각했다면 그녀는 결코 그럴 수 없었을 것이다.

여기에서 죄를 용서 받은 사람은 누구인가? 바로 이 여인이다. 이 여인만 주님을 진정으로 만났다. 예수님을 초청하여 만찬을 대접한 자가 예수님을 만난 것이 아니다. 예수님께 많은 봉사를 했다고 해서 예수님을 만난 것이 아니다. 이 여인처럼 무거운 짐을 진 자, 죄의 무게에 짓눌려 오직 주님만을 바라보고 찾은 자! 바로 이 사람만이 주님을 만나서 그 무거운 짐을 내려놓게 된다.

어떤 유혹을 하나님의 시험으로 착각하지 마라. 유혹은 유혹일 뿐이다. 세상의 많은 실패와 좌절 역시 우리를 힘들게 한다. 그러나 하나님의 시험은 모든 인간적 실패와 좌절을 멀리 하게 한다. 사업의 실패, 연애의 실패, 육신의 질병 등 모든 인간적 무거운 짐들은 하나님의 시험이 왔을 때, 결코 죄에 대한 염려만 못했다. 당신은 이 죄에 대한 본질적 염려가 있었는가? 단지 불완전한 존재로서 인간은 죄인이라는 이성적 동의가 아니다. 이성적 동의가 사람을 바꾸어

---

[51] 위의 책, p. 49.

놓는 것이 아니다! 하나님 앞에 설 때, 두려움과 떨림으로 설 수밖에 없는 것이 우리 인간이다. 이렇게 설 수 있는 자는 죄에 대한 염려를 가진 자이다.

당신은 어떤 의미에서 바리새인처럼 진짜 주님을 만나지 못했는 지도 모른다. 예수님을 위대한 인물로 내 삶 가운데 꼭 필요한 분으로 생각해도 소용없다. 예수 그리스도는 바리새인이 초청하여 잔치를 벌이듯이 그렇게 만날 수 없다. 우리는 이 여인이 되어야 한다. "수고하며 무거운 짐을 진 사람은 모두 내게로 오너라. 내가 너희를 쉬게 하겠다" 지금도 주님은 당신과 나를 부르신다. 이 부름에 응답하려면 반드시 무거운 짐을 져야 한다는 사실만은 잊지 말라!

7) 실족을 교육하자!

기독교가 세상에 들어 왔을 때, 기독교는 자신이 '실족' 이라는 사실에 대하여 주목할 필요가 없었다. 물론, 충분히 주목하였지만 왜냐하면, 이 세상이 실족을 너무 쉽게 발견할 수 있었기 때문이다. 그러나 세상이 기독교적으로 되어 가고 있는 지금은 기독교는 만사 제쳐놓고 자신이 실족이라는 사실에 대하여 주목해야만 한다. 중세의 유럽을 생각하면 쉽게 이해할 것이다. 중세 유럽 사회에서 기독교가 공인 받은 이후 실족은 더욱 더 자취를 감추었다. 그들은 태어나면서부터 자연스럽게 기독교인이 되었다. 핍박의 대상이었던 기독교가 국가 교회가 되었고, 이제는 핍박의 대상이 아니라 핍박의 주체가 되어 세상을 호령하고 전쟁을 일삼았고 세계를 다스리려던 가톨릭에는 실족이 사라졌다. 만일 오늘날, 그렇게도 많은 그리스도인이 기독교의 본질을 상실한 것이 사실이라면, 실족을 외면하지 않고는 벌어질 수 없는 일이다! 실족을 각별히 유의하고 생각했다면 어쩌면 본질의 상실을 면했을지 모른다. 이제 기독교와 기독교의 구원이 더 이상 그리스도인을 만족시켜 줄 수 없다 해도 이상할 것 없다. 그들은 기독교에 더 이상 실족당하지 않는다![52] 기독교가 수많은 세월을 거치면서 학문적 작업과 연구로 이성과 긴밀한 교제를 벌여 온 지금, 지상의 여자와 결혼한 하나님의 아들들처럼 창6:1~4 타락한 기독교가 인간의 이성과 결혼한 지금, 기독교와 인간의 이성이 너나없이 친근한 관계에 있는 지금, 기독교가 만사 제쳐놓고 자신이 타락치 않도록 경계해야만 할 것이다. 만일, 착각이라는 마술에 걸린 기독교와 그 결과로 생긴 기독교의 추한 변모를 설교로서 구출해 내야만 한다면, 다시금 근본적 실족을 그리스도인에게 설교해야만 한다. 오직 실족만이 잠든 사람을 일깨우고, 마술에 걸린 상태를 풀어 기독교를 다시금 자기 자신으로 돌아오게 하기 때문이다.

성경은 다음과 같이 말한다. "사람을 걸려 넘어지게 하는 일 때문에 세상에는 화가 있다. 걸려 넘어지게 하는 일이 없을 수는 없으나, 걸려 넘어지게 하는 일을 일으키는 그 사람에게는 화가 있다." 마18:7 성서에서 이렇게 말하니 전달하고자 한다. 처음으로 실족의 가능성을 빼놓고 기독교를 전파한 사람에게 화가 있으리라! 감언이설로 아첨하듯, 권고하듯, 설득하듯 사람들에게 나약한 것을 기독교적이

---

[52] 키에르케고르, 『사랑의 역사』 임춘갑 역 (서울:다산글방, 2005), pp. 348-9.

라고 설교하는 자에게 화가 있으리라! 기적을 알기 쉽게 설명 할 수 있었던, 혹은 적어도 멀지 않은 장래에 대한 전망을 묘사하거나 피력할 수 있었던 자에게 화가 있으리라! 신앙의 비밀을 배반하고, 그것을 공공의 지혜로 왜곡한 자에게 화가 있으리라! 왜냐하면, 그는 실족을 제거하였기 때문이다. 실족에 관해 살펴보지도 않고 속죄의 비밀을 이해할 수 있었던 자에게 화가 있으리라! 그렇게 함으로 그는 하나님과 기독교를 연구하고 개척할 어떤 것을 만들고 말았으니,53) 그에게 다시 한 번 화가 있으리라! 도사리고 앉아 거짓 증명을 저술하고, 기독교의 고유한 실족을 말살하고, 그 대신 수백 개의 어리석은 수작을 삽입함으로 자기 자신과 기독교를 위해 벗예수님을 조작한 모든 불충분한 목사들에게 화가 있으리라!54)

아아, 비참하게 낭비된 학식이여, 총명함이여! 기독교의 변호라는 엄청난 작업에 비참하게 낭비된 시간이여! 기독교가 소박하게 다시 일어나면서 실족이 강력히 대두되어, 그럼으로써 다시금 공포가 인간 속에 일어날 수만 있다면, 기독교는 아무런 변호도 필요 없을 것이다. 반면, 변호가 유식해지고 훌륭해질수록 그만큼 기독교는 더욱 손상되고 마멸되고 거세된다. 왜냐하면, 단순한 친절심에서 나온 변호는 실족을 제거하기 일쑤이기 때문이다. 그러나 기독교는 절대 변호 받는 일이 있어서는 안 된다. 기독교는 일찍이 그랬던 것처럼 무서운 자세로 사람들에게 기독교에 실족하든가 아니면

---

53) 이 말은 그동안 신학계에서 진행되어 왔던 속죄의 교리에 대하여 키에르케고어가 비판한 것처럼 보인다.
54) 위의 책, p. 350.

기독교를 받아들이든가 양단 중의 하나를 선택하라고 강요해야 한다. 그러므로 기독교에서 실족을 제거하고, 속죄로 고민하는 양심의 싸움을 제거한다면, 당신은 교회 문을 닫거나 빠르면 빠를수록 좋다, 교회를 온종일 문을 열고 영업하는 오락장으로 전환하는 것이 좋을 것이다![55)

지난 서구 역사를 돌이켜 보면, 실족을 제거해 버림으로 사람들은 전체 세계를 기독교화 할 수 있었다. 실족을 제거하지 않았다면 그와 같은 일은 불가능했을 것이다. 어쨌든, 지금도 세상은 진정한 그리스도인을 보면 실족한다. 진정한 그리스도인이 나타나 실족이 발생하는 것을 보면, 역시 실족은 아무래도 기독교와는 불가분의 관계라고 보아야 할 것이다. 문제가 있다면 혼란이 예전보다 더욱 통탄스럽다는 사실이다. 왜냐하면, 일찍이 옛날에는 세상이 기독교에 실족하였고, 그것은 그것 나름대로 이유가 있었지만, 지금은 세상이 스스로 기독교적이라고 망상하여 실족에 관해서는 전혀 살펴보지도 않고 스스로 자신을 기독교라고 조작하고, 이제 와서는 진정한 그리스도인에게 실족하니 말이다. 이 사실은 한국교회도 예외는 아니다. 기독교를 더 이상 신기하게 받아들이는 세상이 아니다. 많은 사람이 한 번쯤은 교회를 거쳐 갔다. 그리고 많은 사람이 교회를 다닌다. 그러나 어디를 가도 기독교에 실족하지 않는다. 기독교에 실족하는 것이 아니라, "실망"하는 것이 작금의 현실이다. 아닌

---

55) 위의 책, p. 351.

게 아니라 이런 착각을 깨우쳐 주기란 매우 어렵다.56)

한국 사회를 보라. 많은 그리스도인이 비난 받는다. 이 비난 혹은 조롱이 실족하게 되어서 비난 하는지, 아니면 그리스도인에게 "실망"하여 비난 하는지 분간 할 수 없다. 이미 기독교 세계나 세상이나 이 혼란은 급속도로 번져서 아무도 알 길이 없다. 이 혼란은 초기 기독교 시대보다 더욱 통탄할 지경에 이르렀다. 세계가 기독교와 생사를 걸고 싸웠을 당시에도 역시 혼란이 통탄할 만하기는 하였지만, 거기에는 그럴 만한 의미가 있었다. 그들은 제대로 기독교를 이해하지 못했기 때문에 실족한 것이다. 그리고 그리스도인은 목숨을 버려가면서까지 기독교의 본질을 지켜야 했다. 기독교가 생겨난 초기에는 실족이 있었다. 그러나 이제 한국도 기독교 세계가 되어가고 있는 지금을 생각해 보라. 기독교는 축복을 받았고 하나님의 축복으로 누리고 있는 평온함과 안락함이 있다. 예수를 믿는 이유는 바로 이러한 평온함과 안락함을 얻기 위한 것으로 가르치고 있다. 거기에 많은 웃지 못 할 일들이 있었다. 예수 믿으면 축복받는다는 원리에 근거하여 물질의 축복을 강조하고 성도들에게 물질을 뜯어내는 일도 있었다. 또한, 곤경 속에 있는 삶에서 구원받고자 매달리고 있는 성도들을 보았다. 마치 나약한 인간들이 스스로 삶에서 구원받을 수 없으니 종교에 매달리는 것과 같은 모양새이다. 그러나 그런 모습은 참된 기독교가 아니다. 여기에 다 서술할 수는 없지만, 이런 모든 일들을 바라보고 있는 세상은 조롱하고 웃었다. 그들은

---

56) 위의 책, pp. 351-2.

나약한 사람들이나 믿는 종교로 생각하고 있다. 초창기에는 기독교가 이런 식으로 조소의 대상이 된 적이 없다!

한국 사회의 어느 장소를 가더라도 기독교만큼 비난 받는 종교도 없다. 세상 사람의 입에 가장 많이 오르내리는 것이 기독교이다. 때로는 기독교를 '개독교,' 목사를 '먹사'라고 부르기도 한다. 지금까지 한국에 어떤 종교가 들어와도 이런 욕을 듣지는 않았을 것이다. 또한 기독교 역시 한국에 복음을 전파한 이래로 이렇게까지 비난과 조롱 받은 때도 없었을 것이다. 그런데 도대체 이 비난이 의미하는 것은 무엇일까? 세상을 실족시켰고, 실족의 대상이 되었던 기독교가 이제는 세상에 실족과 신앙의 표징이 아니라 '실망'의 대상이 되고야 말았다. 기독교에 대하여 실망을 해도 대실망 하여 세상은 이제 기독교에 어떤 기대를 걸지도 않는다! 이 혼란은 점점 더 극대화되어 실족으로 인한 조롱과 비난인지, 실망으로 인한 조롱과 비난인지 구분이 불가능하다. 이제 진리를 수호하고 지키는 일이란 애당초 불가능하고 혼란만 극대화된 상황이다.

그럼에도, 우리에게 남은 사명이 있다. 그것은 '회복'이라고 표현하기 보다는 창조라 부를 것이다. 하나님의 형상을 닮기까지 우리 안에 진리가 완성되어질 창조이다. 나무는 그 열매로 알 수 있듯이,[57] 이 혼란 속에서도 우리는 진리의 열매로 알 수 있다. 만약, 혼란이 가속화되고 더 이상 희망이 없다는 식의 반응을 보인다면 우리는 어디로 가겠는가? 전쟁이 났을 때, 절망에 빠진 사람이 결국

---

[57] 마태복음 7장 20절 "그러므로 너희는 그 열매를 보고 그 사람들을 알아야 한다."

온갖 일시적 쾌락에나 의지하듯 우리는 결핍의 증후로 더욱 더 쾌락에 의지하며 진리와는 영원히 먼 곳으로 갈 것이다. 그러므로 진리를 지키기 위해서라도 우리는 실족을 가르쳐야 한다. 실족을 인식시키고 가르칠 때에만 우리의 부족함, 우리의 결핍을 인식하고 오직 주님께 나아 갈 수 있음을 명심하라!

chapter 3 · 존재론적 진공

1) 불안은 타락^{Fall}이 된다

인간의 타락은 무엇을 의미하며 어떤 방식으로 왔을까? 만약, 하나님께서 우리 안에 창조를 시작하셨고 또한 이 창조를 우리 인간 안에, 인간과 함께 시작하기 원하셨다면, 타락이란 도피이며 탈선이다. 하나님의 초청을 거부하고, 인간이 참 인간이기를 그치고 넘어진다. 자신에게서 도피하고, 창조의 가능성에서 도피하여 이 세상의 가치와 문화를 따라 향락을 즐기며 사는 삶이 아니면 또 무엇이겠는가? 그래서 Bellinger는 타락이란 우리 자신을 창조자이신 하나님에게서 소외시키고 하나님께서 의도하신 창조의 방향에서 탈선하는 것이라 말한다.[58] 결국, 타락은 하나님께서 우리 안에 창조하시기 원하는 창조 과정에서의 도피이며, 인간이 이 과정에서 도피함으로써 타락은 생겨난 것이다. 이것을 조금 더 깊이 고찰하고자 창세기에 나와 있는 아담과 하와의 사건으로 돌아가 보겠다.

---

[58] Charles K. Bellinger, *The Genealogy Of Violence*, p. 39.

타락 전에 아담과 하와는 에덴동산에서 순진하게 살았다. 순진함은 무지의 상태이다. 왜냐하면, "그러나 선과 악을 알게 하는 나무의 열매만은 먹어서는 안 된다"창2:17라고 이르신 것이 창세기에 기록되어 있는 바, 이때 아담이 이 말을 제대로 이해하지 못했을 것이기 때문이다. 선과 악의 구별이 그 열매를 따먹은 결과로 생겼다면, 어떻게 아담은 이러한 차이를 이해하겠는가? 또한 따먹지 말라는 말이 사람에게 욕망을 일으킨다고 추측 한다면, 그들은 무지 대신 하나의 지식을 얻은 셈이 된다.59) 그리고 그럴 때에 아담은 틀림없이 자유에 대한 어떤 나름대로의 지식을 가지게 된다. 열매를 따먹을 가능성은 아담의 자유이다. 왜냐하면, 이 욕망에 대한 지식을 언젠가는 사용해야 하기 때문이다. 이때 따먹지 말라는 금지 명령은 아담에게 불안을 일으킨다. 금지 명령이 아담에게 자유의 가능성을 일깨웠기 때문이다.

아마 이 말이 무슨 말인지 잘 이해가 안 될 것이다. 이해를 돕고자 두려움과 불안의 차이를 설명해 보고자 한다. David Hume은 1757년에 『종교의 자연사』*The Natural History of Religion*라는 책에서 사람이 종교를 갖는 이유를 서술한다. 사람은 자연의 힘에 대하여 막연한 두려움이 있었다. 폭풍, 가뭄, 역병, 지진 등에 대해 통제 불가능 상태가 되면 사람은 자연스럽게 두려움을 갖고 이러한 힘보다 더 큰 힘을 구하며 종교를 의지하게 되었다고 말한다.60) 그러나 Hume이 말

---

59) 키에르케고르, 『불안의 개념』 임규정 역 (서울: 한길사, 2008) pp. 165-6.
60) 데이비드 흄, 『종교의 자연사』 이태하 역 (서울: 아카넷, 2004) p. 53.

하듯 종교의 기원이 두려움이라고 설명하는 것은 조금은 문제가 있다. 왜냐하면, 동물도 두려움을 느끼기 때문이다. 두려움은 항상 두려움을 주는 대상이 있다. 예를 들어, 가젤은 치타를 보면 두려워하고, 토끼는 매나 독수리를 보면 두려워한다. 만약, 동물도 두려움을 느끼고 두려움을 통해서 종교가 생겨났다면, 아마 동물도 무엇인가 섬기는 신이 있어야 할 것이다. 이로 볼 때, Hume이 말한 것처럼 종교는 두려움을 통해서 생겨난 것이 아니라, 더 깊은 곳에 기원을 두어야 할 것이다. 불안은 두려움과는 조금 다르다. 동물은 두려움을 느끼지만, 불안을 경험하지 않는다고 한다.[61] 불안은 인간만의 독특한 감정인데, 문제는 불안에는 대상이 없다는 것이다. 불안을 일으키는 대상이 있다면 제거할 수 있을 것이지만, 불안은 대상이 없으므로 제거가 불가능하다. 또한 그렇기에 불안은 외부의 위협적 대상에서 오는 것이 아니라 바로 인간의 내면에서 온다. 인간의 심연에는 불안이 내재한다. 그러면 불안은 인간의 심연 어떤 곳에서 나오는 것일까?

다시 아담과 하와로 돌아가 보자. 아담은 선악과를 따먹지 말라는 하나님의 음성을 들었다. 그러므로 아담은 무지대신 지식을 얻게 되었고, 무지에서 "할 수 있음"으로서의 가능성이 불안을 몰고 온 것이다. 이 불안은 두려움과는 차원이 다르다. 또한 가능성도 단순한 가능성으로 생각해서는 안 된다. 왜냐하면, 인간에게 열려 있는 가능성은 하나님의 형상을 닮을 수 있는 무한한 가능성이다. 그

---

61) Charles K. Bellinger, *The Genealogy Of Violence*, p. 35.

런데 아담의 문제는 할 수 있다는 가능성만 열려 있지 자신이 무엇을 할 수 있는가는 전혀 모른다는 것이다. 다만, '할 수 있음'의 가능성만 무지의 훨씬 높은 형태로, 불안의 어떤 높은 표현으로 나타날 뿐이다. 왜냐하면, 훨씬 높은 의미에서 그 가능성은 있으면서 동시에 없기 때문이며, 또한 아담은 그 가능성을 사랑하면서 동시에 피하기 때문이다.[62] 이런 의미에서 불안은 두 가지 상반된 감정을 내포한다. 쉽게 설명해 보자. 만약 어떤 사람이 번지점프대에 올랐다고 생각해 보라. 그는 뛸 수 있는 가능성도 있고 안전하다. 그럼에도 불구하고 그는 망설인다. 그는 뛸 수 있는 가능성을 사랑하면서도 피하기를 원하기도 한다. 불안은 이런 가능성을 인식할 때 온다는 것이다. 지금까지 논의한 내용으로 불안을 정의해보자.

**불안은 가능성들의 가능성으로서의 자유의 현실성이다.
불안은 공감적 반감이며 반감적 공감이다.**[63]

아담의 피를 이어받은 당신과 나는 어떤가? 만약, 자유의 무한한 가능성이 하나님의 크기이며, 하나님의 형상이라면, 우리 역시 아담처럼 가능성은 열려있지만, 하나님의 형상을 닮기까지 무엇을 할지 전혀 모르는 상태가 된다. 우리 역시 할 수 있음의 가능성만 열려있지 무지의 상태는 그때나 지금이나 별반 다를 것이 없다. 만약 당

---

62) 키에르케고르, 『불안의 개념』, p. 165.
63) 위의 책, p.160.

신이 기독교인이라면, 당신은 이 가능성을 사랑하겠지만, 또한 이 가능성의 크기 앞에 동시에 피할 것이다.

창세기 2장 17절을 조금 더 생각해 보자. "그러나 선과 악을 알게 하는 나무의 열매만은 먹어서는 안 된다. 그것을 먹는 날에는, 너는 반드시 죽는다"라고 말한다. 당연히 아담은 죽는다는 의미를 알지 못했을 것이다. 그러나 그 어떤 것도 그가 무서운 생각에 사로잡히는 것을 막을 수 없었을 것이다. 죽음이라는 것을 전혀 몰랐던 아담은 이 말의 의미는 몰랐어도 무언가 무시무시한 것이 도래함은 느꼈을 것이다. 마치, 동물이 인간의 말을 못 알아들어도 인간의 행동으로 공포를 체험하듯, 아마도 그랬을 것이다. 아담은 자기가 들은 말을 이해하지 못했기 때문에 오직 불안의 상반된 감정만 있을 뿐이다. 금지 명령에 의해서 일깨워진 '할 수 있음'이라는 무한한 가능성은 이제 그에게 더욱 가까워진다. 왜냐하면, 이 가능성은 "자신이 만들어질"[64] 어떤 가능성을 시사하기 때문이다.

이렇게 해서 무지의 순진함은 자신의 정점에까지 이끌려 간다. 불안 속에서 그것은 금지된 것과 이어져 있으며, 형벌과 이어져 있다. 순진함은 허물이 아니다. 그렇지만, 거기에는 순진함이 상실되기라도 한 것 같은 불안이 존재한다. 인간은 영혼과 정신과 육체로 이루어졌다. 정신은 인간의 의식이 위치하는 자리이다. 죄를 의식하지 않는 인간이 어떻게 회개할 수 있는가? 이런 면에서 선악을 판단

---

[64] 이 말은 상당한 의미가 있다. 동물은 어떤 존재를 추구하지 않는다. 그러나 인간은 현재의 상황에 만족하기보다 더 나은 존재를 갈망한다.

하는 위치도 역시 정신spirit이라 말할 수 있다. 사람들은 흔히 무의식에 대하여 말한다. 정신병은 무의식으로 잠재된 것을 의식화하지 않는 한, 치유할 수 없다.[65] 마찬가지로 인간의 죄성도 의식되지 않는 한, 그는 하나님 앞에 나올 수 없다. 따라서 순진한 상태에서는 그에게 어떤 불안도 없다. 아니, 없는 것이 아니라 원래는 존재하지만, 인식하지 못한 상태라고 해야 할 것이다. 따라서 그의 정신이 이런 상태에 있다면, 그에게는 평화와 안식이 있다. 마치 어린 아이들도 성욕이 있지만, 사춘기가 지나고 성인이 되기까지 그것을 깨닫지 못하듯이, 순진한 상태에서는 불안이 존재한다는 것조차 모른다. 오직 아담이 가능성 앞에서 아무 것도 없는 자신을 발견하는 순간, 그는 무無에서 불안을 느낀다.[66] 이렇게 무한한 가능성 앞에는 불안이 자리한다.

> **이런 의미에서, 불안의 크기는 완전성의 크기에 대한 일종의 예언이다.**[67]

이 가능성의 크기 앞에서 하나님께서는 인간들을 초대한다. 창조의 초대이다. 이 가능성의 크기는 하나님의 크기이며, 하나님의 형상의 크기이다. 하나님은 인간 안에 이 가능성을 심어 놓으셨다. 이 가능성 앞에서 하나님의 초청에 반응하지 못하고 도피하면 타락한

---

65) 빅터 프랭클, 『심리의 발견』 강윤영 역 (서울: 청아출판사, 2008) p. 41.
66) 키에르케고르, 『불안의 개념』, p. 159.
67) 위의 책, p. 203.

다. 그의 불안은 이런 도피를 부채질한다. 아담은 그의 가능성으로 하나님이 원하시는 에덴에서의 창조활동을 하지 못하고, 선악을 알게 하는 나무에 손을 댄다. 우리는 뱀의 유혹을 너무 과장해서는 안 된다. 흔히 이 유혹은 뱀을 통해 외부에서 왔다고 생각한다. 그러나 너무 속단해서는 안 된다. 엄밀한 의미에서 아담의 유혹은 내부에서 왔다. 야고보서에서 말하듯 "시험을 당할 때에, 아무도 "내가 하나님께 시험을 당하고 있다" 하고 말하지 마십시오. 하나님께서는 악에게 시험을 받지도 않으시고, 또 시험하지도 않으십니다. 사람이 시험을 당하는 것은 각각 자기의 욕심에 이끌려서, 꾐에 빠지기 때문입니다.약1:13~14" 아담의 문제는 환경이 아니라, 자신 안에 있는 자유의 가능성, 하나님이 주신 가능성을 자기 욕망에 이끌려 제대로 활용하지 못한 결과로 봐야 한다.[68]

2) 타락은 존재의 결핍으로 나타난다

불완전한 존재는 자신의 결핍을 채우려고 외부환경을 본다. 그리고 자신의 결핍을 항상 외부에서 채우려 한다. 어린 아이에서 어른에 이르기까지 사람은 누구나 무엇을 갈망하고, 충분한 의식주가 확보되어도 더 좋은 차, 더 좋은 집, 더 좋은 음식을 위해 끊임없이 무엇인가를 찾는다. 그러나 결핍된 것은 자기 자신일 뿐이다.[69] 아무리 외부에서 좋은 것으로 채우려 하지만, 존재의 결핍은 결코 채

---

[68] 본 논의에 대하여 조금 더 심도 있는 자료를 원한다면 키에르케고르, 『불안의 개념』 pp. 170~171을 참조하라.
[69] 변광배, 『존재와 무』 (서울: 살림, 2007), p. 156.

워지지 않는다. 오늘날 현대인은 어떤가? 한국은 과거 어느 때보다 잘 살고 있다. 생활의 편리성뿐만 아니라 실제 경제적 여건이나 모든 것들이 과거 어느 때보다 나아졌다. 그러나 과연 그만큼 만족스러운가? 현대인의 외적 생활의 편리성과 좀 더 나은 생활이 존재의 결핍을 해결하지는 못했다. 세상의 그 무엇으로도 채워질 수 없는 이 존재의 결핍은 인간의 타락으로 생긴 결과이기 때문이다. 존재의 결핍은 하나님의 자리이며, 하나님께서 허락하신 창조에 참여할 때에만 채워질 자리이기 때문에 어떤 것도 채울 수 없다.

인간은 도대체 왜 고통을 겪어야 하는 걸까? 그것은 인간이 욕망에 시달리기 때문이다. 인간의 욕망이 충족되면 즉시 그보다 더 높은 수준의 욕망에 시달리니 고통에서 벗어날 수 없다. 마치, 16평 아파트에 살 때는 30평에만 살아도 행복할 것 같다가 30평 아파트에 살게 되면 40평 아파트를 욕심내는 것과 같다. '바다는 메워도 인간의 욕심은 채우지 못한다' 는 말이 있는데, 그 이유는 바다는 한계가 있지만 인간의 욕심은 한계가 없기 때문이다.

그렇다면 욕망을 갖지 않으면 고통에 시달리지도 않을까? 흔히들 로또에 당첨되면 세상 모든 것을 다 얻은 듯 행복할 거라고 생각한다. 그런데 실제로 조사해 보니 그렇지 않았다. 요트 타며 하루 종일 놀아도 별로 행복하지 않다는 것이다. 요트를 타고 무한정 놀 수 있으니 금세 요트 타는 일은 시들해졌기 때문이다. 역설적이게도 충족해야할 욕망이 있을 때, 인간은 삶의 의욕을 느낀다. 공기 저항이 없으면 새가 날 수 없듯이, 욕망이 있고 그 욕망을 채우지 못하는 아쉬움에 시달리기 때문에 오히려 인간은 산다. 모든 욕망이 즉시 채워진다면 인간은 욕망에 시달리는 고통은 겪지 않겠지만, 무엇을 하면서 시간을 보내야 할지 알 수 없게 된다. 왜냐하면, 인간은 욕망을 느끼고 욕망을 채우려 노력하면서 자신의 삶의 의미를 느끼기 때문이다. 결론적으로 욕망이 없으면 삶은 무의미해지기 때문에 고통 받고, 욕망이 있으면 채워지지 않는 욕망 때문에 고통 받는다는 것이다.[70] 곧, 이 싸움은 자기 자신과의 싸움이다.

이렇게 사람은 자신의 결핍을 채우려고 무엇인가를 끊임없이 원한다. 그리고 자신이 원하는 것을 안다고 생각한다. 그래서 그것을 추구한다. 그러나 일단 그가 원했던 필요가 충족되면, 사람은 그가 무엇을 원하는지 정확히 모르면서 무엇인가를 강렬하게 원하는 더 큰 욕망에 빠지게 된다. 그 이유는 그는 더 완전한 존재를 갈망하기 때문이다. 신앙인이라면 우리의 내부에 하나님의 형상을 회복하기까지 갈망하는 어떤 에너지가 존재함을 이해할 것이다. 지금 존재에 불만족한 것은 인간뿐이다. 인간은 지금 자신의 존재 이상의 것을 갈망하는 마음이 어디에서 생겨났는지 모르지만, 그것은 누구에게나 있다. 물론, 갈망하는 자는 그가 무엇을 갈망하는지 모른다. 그가 찾는 대상을 보면, 단지 다른 사람이 소유를 갈망할 뿐이다. 이런 면에서 사람은 그가 욕망하는 것을 아는 것이 아니라, 타인의 소유를 선망하며 생긴 욕망을 채우려 할 뿐이다.[71] 자신에겐 없는

---

[70] 박은미, 『쇼펜하우어의 의지와 표상으로서의 세계』 (서울: 삼성출판사, 2006), p. 26.
[71] 르네 지라르, 『폭력과 성스러움』 (서울: 민음사, 2006), p. 219.

것을 소유한 우월한 존재를 보고, 그의 것을 자신의 것으로 만들고자 끊임없이 외부에서 무언가를 추구하지만, 결코 채워질 수 없다. 왜냐하면, 채워지지 않는 것만큼이 하나님의 자리이기 때문이다.

3) 결핍은 이웃의 것을 탐하게 한다.

하나님께서는 우리 안에 창조를 시작하셨고 우리와 함께 이 창조를 완성하기 원하신다. 태초에 하나님께서 인간을 창조할 때에 하나님의 형상대로 인간을 만드셨다.창1:27 하나님의 형상대로 인간을 만드셨지만, 인간은 하나님의 형상을 잃어 버렸다. 우리는 하나님의 형상을 회복해야 한다. 우리 안에 창조를 시작하신 이가 "곧 하나님의 뜻대로 부르심을 받은 사람들에게는, 모든 일이 서로 협력해서 선을 이룬다는 것"을 원하셨고,롬8:28 또 그의 아들의 형상을 본받기 원하신다.롬8:29 이 아들의 형상이 무엇인가? 곧 하나님의 형상을 성취하는 것이 창조의 완성 아니겠는가? 인간인 우리는 스스로의 삶 가운데 하나님의 형상을 성취하기까지 전진해야 하며, 성령님의 도우심으로 과업을 완수해야 한다. 이 과정에 동참하지 않고 자신의 결핍을 채우고자, 세상에서 어떠한 시도를 해도 그것은 타락의 결과일 뿐이다. 창조에 동참하지 못한 것은 결국 타락이다. 뱀은 아담과 하와에게 부족한 것이 있다고 설득했다. 인간으로서 완전하려면 지식의 열매가 필요하다고 설득했다. 뱀이 하나님과 인간의 "수직적 관계"를 돌려놓았다. 다른 사람과 "수평적 관계"를 향하여, 인간의 삶을 형성하는 현세적 힘에 의지하도록 했다.

이것이 존재의 결핍이 모방적 욕망과 경쟁에 빠지게 만든 주요 원인이다. 타락의 결과 만들어진 존재의 결핍은 하나님과의 관계에서 이탈하여, 이웃을 보게 만들고 이웃의 것을 탐하게 만든다. 왜냐하면, 인간은 결핍된 부분을 채우고자 무언가를 원하지만, 정확히 무엇이 필요한지 모르며, 그 필요를 이웃의 소유를 통해서 깨닫게 된다. 그러나 이 지식은 뱀이 가져다준 지식이며, 인간 타락의 결과이다. 왜 우리는 이렇게 결핍의 감정을 가질까? 실증empirical 자연과학에서 무엇이 빅뱅Big Bang에 선행하는지 알 수 없듯이, 이것은 실증과학으로는 대답할 수 없는 본질적 질문이다. 우리는 미완성된 피조물이기 때문에 이러한 결핍의 감정을 가진다.[72] 우리는 아직 덜 성숙하며, 창조의 목적에 도착하지 못했다.

이러한 결핍은 인간이 타인을 모방하도록 부추긴다. 크게 성공한 동료나 이웃을 보면 자아self는 그것과 비교해서 자신을 부정적으로 평가한다. 자아는 자신 안에 어떤 구심점을 갖지 못하며, 만족을 찾지 못한다. 이러한 불만족은 자아가 사회적 영역 속에서 자신의 모습을 찾도록 요구한다. 거기에서 자아는 다른 사람이 찾는 재화나 힘을 획득함으로써 이익을 얻는다.

우리는 아직 미성숙한 존재이다. 그러나 살아야 할 분명한 목적이 있다. 문제는 이 목적이 무엇인지 확실히 모른다는 것이다. 무엇을 위해 살아야 할지 모를 때, 우리는 나를 지켜보는 사람이 기대하는 것에 의존할 수 있다. 그 중에서 가장 중요한 사람이 부모님일

---

72) Charles K. Bellinger, *The Genealogy Of Violence*, p. 74.

수도 있고 아내나 남편일 수도 있다. 우리는 그들이 원하는 삶을 살기 원한다. 그러나 주변 사람이 원하는 삶을 살 때, 우리 자신 안에 근본적으로 창조해야할 목적과 형상을 잃어버리게 된다.

이 결핍은 세상의 어떤 것으로도 채울 수 없다. 이것은 하나님만이 하실 수 있는 일이기 때문에 세상의 것으로 채운다 해도 그것은 일시적 만족을 줄 뿐이다. 우리 안의 결핍은 오직 예수 그리스도 안에서 그분을 믿음으로 말미암아 획득 할 수 있다. 다음은 이 결핍이 어떻게 들어 왔고 어떻게 인간의 문화에 형성되었는지 생각해 보겠다.

4) 가인은 아벨을 '보고' 분노한다

사람은 자신이 부족한 것, 자신이 무엇이 결핍되었다는 것은 비교를 통해서 파악한다. 우리는 비교하고 싶지 않아도 이미 비교의 대상이 된다. 가정에서, 학교에서, 직장에서 비교의 대상이 되어 서로 힘들게 한다. 본질적으로 자신에게 무엇이 필요한지 모르면서 우리는 주변사람이 원하는 모습으로 성장한다. 비교를 통해서 부모가 원하는 모습, 선생님이 원하는 모습, 직장 동료가 원하는 모습으로 성장한다. 하나님이 우리에게 원하시는 모습에는 관심 없다. 우리는 너무나 자주 이를 망각한 채 살아간다.

창세기 4장에 가인에 대한 이야기가 나온다. 가인은 농사짓는 사람이었다. 그리고 그의 동생 아벨은 양 치는 자였다. 세월이 지난 후에 가인은 땅의 소산으로 하나님께 제물을 드렸다. 아벨도 양의 첫

새끼와 기름으로 하나님께 제물을 드렸다. 그러나 하나님께서는 아벨의 제물은 반기셨으나 가인의 제사는 반기지 않으셨다. 여기에서 문제가 시작 되었다. 성서는 "그래서 가인은 몹시 화가 나서, 얼굴빛이 달라졌다"창4:5라고 기록한다. 하나님께서는 그런 가인을 찾아 가신다. 그리고 묻는다. "어찌하여 네가 화를 내느냐? 얼굴빛이 달라지는 까닭이 무엇이냐? 네가 올바른 일을 하였다면, 어찌하여 얼굴빛이 달라지느냐? 네가 올바르지 못한 일을 하였으니, 죄가 너의 문에 도사리고 앉아서, 너를 지배하려고 한다. 너는 그 죄를 잘 다스려야 한다."창4:6-7 하나님께서 말씀하신 죄는 무엇일까? 그리고 왜 가인은 그렇게 분노한 것일까?

겉으로 보기에 하나님께서 가인의 제사를 받지 않았기 때문에 가인은 화가 난 것 같다. 화가 난 가인에게 하나님께서 말씀하신다. "분을 내는 것은 올바른 것이 아니다. 그런 마음을 품는 것은 올바르지 못하며, 네 속에 죄가 작동하는 것이다. 그러나 너는 네 속에 작동하는 죄를 다스려야 한다." 하나님께서 요구하시는 것은 분명하다. 지금 화를 내는 가인이 죄를 짓는다는 결론이다.

그러면 독자에게 묻겠다. 당신은 어떤가? 당신이 만약 가인이라면 화가 나지 않겠는가? 많은 사람들이 자신이 가인 입장이었다면 화가 났을 것이라고 대답했다. 어떤 사람에게 두 어린 아들이 있었다. 둘 다 많이 배고팠다. 아버지는 퇴근하면서 빵을 한 개 밖에 사오지 않았다. 아버지가 빵 한 개를 반으로 나누어 서로 사이좋게 나누어 먹게 했으면 좋았을 것을 아버지는 다음과 같이 말했다. "큰아들아 네가 형이니까 이번에는 양보해서 동생에게 빵을 주자. 동생이 많이 배고파하거든." 그리고 아버지는 빵을 몽땅 동생에게 주었다. 큰아들이 아버지의 마음을 이해했으면 얼마나 좋았을까? 그러나 그 순간 큰아들은 화가 나서 방문을 '쾅' 닫고 자기 방으로 들어갔다. 모든 사건이 여기서 끝나면 좋겠지만, 이 사건 이후 큰아들은 작은아들을 괴롭히기 시작한다. 큰아들은 부모가 동생에게 주는 것을 탐내기 시작한다. 그리고 아버지에 의해서 이러한 불평등이 지속되고 있다. 또한 형은 형이라는 이유로 동생과 비교해 볼 때, 불평등을 참아야 한다면 당신은 어떤 행동을 하겠는가?

인간은 불평등을 아주 싫어한다. 겨우 빵 한 조각이라도 똑같이 나누어야지 빵 한 조각 때문에 세상에는 칼부림이 나고 살인이 일어난다. 조금만 살펴보면 가인의 이야기가 먼 과거의 이야기가 아니라, 지금 우리가 사는 이야기라는 것을 깨달을 수 있다. 사람이 얼마나 평등을 갈망하면, 인간의 존엄성을 위해 법으로 자유와 평등을 보장하겠는가? 똑같은 사람으로서 불평등하게 대우 받을 때, 사람은 분노한다.

다시 가인 이야기로 돌아가 보자. 만약 당신이 가인의 처지라면 아마 당신도 화가 났을 것이다. 적어도 당신이 사람이고, 인간에게 불평등을 경험해도 화날 것인데, 하나님이 불평등을 만들고 있다면 그 화가 어디까지 올라갈까? 결국, 가인의 분노는 하나님을 향한 분노이며 하나님이 행하신 불평등에 대한 항거이다. 이 분노의 결과는 살인으로 나타난다. 아마도 대부분 살인의 근본적 원인은 분노일 것이다. 가인이 동생을 죽인 것도 바로 이 분노의 결과이다. 가인은 동생 아벨을 "들로 나가자"고 꾀어 들에 데리고 가서 쳐 죽였다고 성경은 말한다. 가인에게 아벨의 죽음은 무엇을 의미할까? 불평등에 대한 항의이다. 제사를 받지 않은 불평등에 대한 항의는 하나님에 대한 분노이며, 하나님에게 대항하여 아벨을 죽인 것이다. 지극히 인간적인 생각에서, 불평등을 만들고 있는 분이 하나님이시다.

하나님께서는 아벨을 죽인 가인에게 나타나신다. "너의 아우 아벨이 어디에 있느냐?" 가인은 "모릅니다. 제가 아우를 지키는 사람입니까?"창4:9라고 대답한다. "너의 아우 아벨이 어디에 있느냐?"라는 하나님의 질문은 필연적으로 죄의 자리, 즉 범죄의 현장을 생각나게 한다. 그리고 그 순간, 가인은 아우 아벨을 죽인 현장이 생각났을 것이다. 그 끔찍한 현장, 바로 그 현장으로 하나님께서는 가인을 데려 가기 원하셨다. 도대체 아벨이 가인에게 한 잘못이 무엇인가? 그렇다면 가인의 잘못은 또 무엇인가? 둘 다 열심히 살았다. 각자의 직업으로 얻은 소산으로 하나님께 감사의 제사를 드렸을 뿐이다. 어떤 설교가는 가인의 잘못에 대하여, 그의 제사를 지적한다. 그의 제사가 피의 제사가 아니었다고 말한다. 그러나 나는 여러분과 그것보다 더 본질적 인간의 감정에 대하여 나누고 싶다. 가인이나 아벨이나 삶에 있어서 문제는 없었다. 아마도 거기에 세상의 법이 있었다면, 어떤 법도 가인과 아벨의 삶에 죄를 묻지 못했을 것이다. 그러나 하나님만은 가인의 제사를 받지 않으시고 죄를 물으셨다. 가인의 잘못이 단지 피의 제사를 드리지 않았다는 것일까?

하나님께서는 "너의 아우 아벨이 어디에 있느냐?"를 물으심으로 다시 범죄 현장으로 가인을 데려 가셨다. 하나님께서는 피의 제사를 드리지 않았다는 결론을 내고자 그를 범죄의 현장으로 끌고 가셨을까? 하나님이 그렇게 옹졸한 분이실까? 겨우 제사 하나로 시비 거시는 분이실까? 가인의 죄는 그것보다 더 깊은 곳에 있다. 만약, 하나님께서 아벨의 제사를 받지 않았다면 아벨은 어떤 반응을 보였을까? 성서에는 나오지 않는 이야기이지만, 아마도 아벨은 화를 내지 않았을 것 같다. 내 생각은 그렇다. 아벨은 화를 내지 않았다. 왜냐하면, 아벨의 제사를 받지 않았더라도 아벨은 하나님의 뜻에 순복하였을 것이기 때문이다. 그리고 문제를 자신 안에서 찾기 시작하였을 것이고, 하나님께서 받지 않으신 이유를 발견하고자 하나님께 구했을 것이다.

겉으로 보기에 하나님께서 가인의 제사를 받지 않으셔서 모든 문제가 촉발된 것은 사실이다. 그러나 조금 더 생각해 보면, 가인의 제사를 받기 이전에 하나님께서는 가인 내면에 있는 분노의 씨앗을 보셨다. 그 분노가 결국 제사를 받지 않음으로 드러났을 뿐이다. 하나님께서 제사를 받지 않았더라도 가인은 화를 내지 말았어야 한다. 이 메시지가 우리에게 주는 교훈은 무엇일까? 만약, 여러분이 그리스도인이라면 모든 사람이 화를 내는 상황이라도 절대로 화를 내면 안 된다는 것이다. 그러나 인간으로서는 불가능한 일이다.

세상에는 많은 사람이 이해하지 못하는 불의를 경험하며 살아간다. 똑같이 세상에 태어나서 어떤 사람은 부하게, 어떤 사람은 가난하게 살아간다. 우리는 '이웃의 것과 비교를 통해서' 불평등한 것을 보고 있다. 어떤 사람은 좋은 부모 만나서 행복하게 살지만, 어떤 사람은 부모에게 온갖 학대를 다 받고 자라는 사람도 있다. 어디 이것뿐인가? 내가 잘못하지도 않았지만, 대신 모든 짐을 져야 하는 사회적 상황은 없는가? 그러면 아무 짐도 지지 않고 사회에서 이득을 챙기는 사람과 '비교 하여' 당신은 상당히 고통스러울 것이다. 열심히 말씀대로 살고자 노력하지만, 오히려 세상에서 불의와 타협하는 사람들이 더 나은 생활을 하는 것은 목격한 적 없는가? 그러면 세상에서 온갖 죄를 짓고도 잘 사는 사람들과 '비교하여' 당신은 불행해질 것이다. 여러분이 그리스도인이고 신앙생활을 한다면, 이러한 상황이 닥쳤을 때 한 번쯤은 의로우신 하나님께서 왜 불의를 방치하는지 이해할 수 없을 때가 있을 것이다. 그때, 당신은 가인처럼 하나님께 분노할 것이다.

가인의 상황도 마찬가지이다. 어떻게 하나님께서 아무 잘못도 없는 가인의 제사를 받지 않을 수 있는가? 가인은 동생을 미워하지 않았다. 동생에게 어떤 해를 가한 적도 없다. 그런데 하나님은 가인과 아벨을 차별하였다. 어떻게 의로우신 하나님께서 차별 할 수 있을까? 마치 아버지가 자녀를 편애하듯 하나님이 자녀를 편애하셨다. '비교해 보아' 가인은 아벨이 부러웠던 것이다. '비교해 보아' 가인은 아벨처럼 하나님께 사랑받고 싶었던 것이다. 가인이 동생을 미워하고 동생에게 분노한 계기는 하나님이시다. 하나님께서 제사만 받아 주셨어도 이런 불미스러운 일은 발생하지 않았을 것이다. 우리가 세상을 살면서 불의를 경험하듯, 가인도 똑같이 불의를 경험했다. 어떤가? 당신도 가인의 처지에서 항변에 동참하고 싶지는 않는가? 세상의 문화는 이런 항변에서 들어온다. 세상 문화는 인간의 분노를 정당화시키고 "의로운 분노"로 바꾸어 놓는다.

5) 시기는 살인을 부른다

묻지마 살인을 저지르는 사람들은 어떨까? 그들은 얼마나 사회의 불평등에 분노했으면 아무에게나 살인을 저지르겠는가? 세계적으로 묻지마 살인은 증가하고 있다. 사람들은 묻지마 살인에 대하여 분석한다. 전문가들은 묻지마 살인의 증가 이유로 치열해지는 경쟁과 사회적 변화에서 낙오한 사람이 증가한 탓이라고 한다. 그리고 묻지마 살인을 저지른 대부분의 사람은 내성적이거나 나약한 성격이라면서 이들이 경쟁에서 낙오할 때, 자신의 불행을 남의 탓으로 돌리고 억눌러 왔던 감정을 폭발하기 때문이라고 진단한다.[73] 어떤 방법으로 묻지마 살인을 막을 수 있겠는가? 근본적으로 우리 사회는 묻지마 살인의 동기를 악화시킨다. 왜냐하면, 우리 사회는 경쟁을 강화하기 원하며 그 경쟁 속에서 불평등은 악순환하기 때문이다.

사회의 분노를 다루고자 조금 더 생각해 보기로 하자. 이 분노는

---

[73] 헤럴드경제 인터넷판 "잇따른 '묻지마' 테러, 원인은…?" 2012년 8월 23일 참조.
http://news.heraldcorp.com/view.php?ud=20120823000399&md=20120826144654_AS

어디서 오는 것일까? 가인의 분노는 어디에서 왔을까?

모든 불평등의 감정은 비교를 통해 들어온다.

만약, 인류가 비교하지 않았다면 분노의 감정도 이렇듯 극에 달하지 않았을 것이다. 비교는 상대적 박탈감을 가져온다. 비교를 통해 제일 먼저 생기는 감정은 부러움이다. 사람은 자신이 가지지 못한 것을 가진 사람을 부러워한다. 예를 들어, 초등학교 한 반을 생각해 보자. 어느 날 한 학생이 아무도 갖고 있지 않은 아이패드를 학교에 가지고 온다. 학생 모두가 아이패드를 부러워하고, 그 아이패드를 갖고 싶어 한다. 그런데 그 아이패드를 가진 학생은 오히려 더 자랑한다. 여러분이 그 학생과 같이 학교를 다닌다면 기분이 어떨까? 아마도 기분이 나쁠 것이다. 상황이 악화되면 몇몇 학생이 그 아이패드를 박살내겠다며 분노를 폭발시킬 수도 있고, 심지어 신체적 폭력을 가할 지도 모른다.

그래도 물건은 돈으로 살 수 있다. 그러나 이보나 더 본질적인 것은 살 수 없다. 침대는 살 수 있지만, 잠은 살 수 없다. 또 유흥은 살 수 있지만, 행복은 살 수 없다. 어떤 한 사람이 있었다. 그는 행복한 '가정'을 너무 이루고 싶었고 그런 가정을 부러워했다. 왜냐하면, 그의 어린 시절이 불행했고 부모 없이 너무나 외로웠기 때문이다. 그는 나이가 들면 꼭 행복한 가정을 꾸려서 자식은 자기처럼 불행한 어린 시절을 보내지 않도록 하겠다고 다짐했다. 그리고 그런 가정을 늘 꿈꿨다. 그러나 그는 여전히 버림받았고 장가갈 나이가 되었지만, 연애조차 한적 없다. 제대로 교육 받지 못해 공부도 못했다. 그는 사회에서 공부하지 못해 오는 온갖 차별을 다 경험했다. 그는 공원에서 행복하게 아이들과 산책하는 가족만 보면 마음이 저려왔다. 바로 그런 가정을 그토록 열망했기 때문이다. 차라리 돈으로 그런 가정을 살수만 있다면, 차라리 조금 더 일해서 10년이고, 20년 후에 그런 가정을 돈으로 살수만 있으면 좋으련만, 가정을 돈으로 살 수는 없다. 왜냐하면, 그런 가정이야말로 스스로 노력해서 만들어야하기 때문이다. 그의 불행한 처지에서 행복한 가정을 부러워하면 할수록 불행은 더 커져만 간다. 불행한 처지와 행복한 가정을 비교하면 할수록 그의 괴로움은 더해만 갈 것이다. 어느 날 그는 살인을 저질렀다. 왜 사람을 죽였냐고 경찰이 묻자, 그는 대답했다. "행복해 보여서요."[74]

이처럼 시기는 단순한 시기로 그치지 않고 비교를 통해 분노로 이어진다. 그리고 그 분노가 모아지고 모아지면 폭력으로 나타난다. 폭력의 한 형태가 바로 살인이다. 가인의 분노는 하나님을 향한 분노이며 동생을 향한 시기이고 자신을 향한 질투이다.

---

74) SBS뉴스 2010년 9월 12일 방영된 내용 편집.

문제는 이 사회가 겉으로는 폭력을 자극하는 것처럼
보이지 않지만, 시기를 끝없이 자극하고 있다.

세상에 방송되는 광고들을 보라. 가진 자와 가지지 못한 자를 분류하고, 가지지 못한 자의 불행을 얼마나 끊임없이 광고하고 있는가? 나는 어떤 특정 광고를 비판할 생각은 조금도 없다. 많은 사람은 아무 생각 없이 TV 광고를 접한다. 그리고 자신도 모르게 광고의 물건을 탐낸다. 그리고 가지지 못했을 때 오는 불행을 세뇌 당한다.

가인이 살인을 범한 후, 하나님께서 나타나셨다. "너의 아우 아벨이 어디에 있느냐?" 가인이 대답한다. "모릅니다. 제가 아우를 지키는 사람입니까?"창4:9 가인의 대답을 보라. 그는 하나님께 반항하지 않는가? 하나님께서 말씀하신다. "너의 아우의 피가 땅에서 나에게 울부짖는다." 하나님께서 말씀하신 것처럼 때로는 침묵이 더 큰 변증이 될 때가 있다. 하나님께서는 범죄로 말미암아 저주 받을 것을 말씀하신다창4:11. 밭을 갈아도 땅이 다시는 효력을 주지 못할 것이며 이 땅에서 떠돌아다니는 자가 될 것이라는 서주이다. 이 살인죄로 말미암아 그가 경험하는 것은 무엇인가?

첫째, 그는 죄의 무거움을 경험한다창4:13. 죄의 심리적 압박감이 얼마나 무거운지 그는 "견딜 수 없다"고 고백한다. 가인처럼 죄는 지었으되, 죄를 인식하고, 죄의 무게에 짓눌리게 된다면 얼마나 좋겠는가? 묻지마 살인을 저지른 사람은 죄를 짓고도 죄에 무뎌져서 자신의 죄를 인식하지도 못하는 세대에 우리는 살고 있다. 이러한 살인 같이 중대한 범죄가 아닐지라도, 죄에 대한 무지는 똑같다. 하나님 앞에서 살인이나 분노나 그것은 똑같은 죄일 뿐이다. 그래서 가인이 살인하기 전부터 하나님께서는 가인에게 죄를 물었던 것이다. 지금 밖에 나가 보라. 거리에 수많은 사람이 다니지만, 그들에게 죄인이라는 사실을 인식시키는 것이 얼마나 어려운가? 지금 문을 열고 나가 "당신은 죄인이오!"라고 말해 보라. 인정할 사람은 아무도 없을뿐더러 오히려 화를 낼 것이다. 그래서 기독교는 마음을 깊게 상하면서 분노하지 않도록 종종 경고한다. 즉 우리 세상에는 늘 분노의 가능성이 있으며, 있을 수밖에 없다는 것을 가인을 통해 배우기 때문이다.

둘째, 하나님의 임재가 떠나고 세상에서 방황하게 된다. "하나님을 뵙지도 못하고, 이 땅 위에서 쉬지도 못하고, 떠돌아다니게 될 것입니다"창4:14라고 가인은 고백한다. 하나님 임재의 상실은 치명적이어서 하나님의 보호에서 벗어났음을 의미한다. 이제 가인은 보호 없이 유리방황하며 집 없는 떠돌이로 살아야 함을 뜻한다. 하지만, 가인은 그것을 믿고 싶지 않았다. 그는 믿고자 하지 않을뿐더러 실제로 그것을 믿을 수도 없었다. 왜냐하면, 그에게서 하나님의 임재가 떠나버렸기 때문이다. 이는 글자 그대로 떠나 버렸다는 의미가 아니라 영적으로 떠난 것을 의미한다.[75]

셋째, 피살의 두려움을 느끼게 된다. 가인은 "그렇게 되면, 저를 만나는 사람마다 저를 죽이려고 할 것입니다"창4:14라고 말한다. 가

---

[75] 자끄 엘륄, 『도시의 의미』 최홍숙 역 (서울: 한국로고스연구원, 1998), p. 17.

해자는 자신의 폭력에 두려움을 느끼는데, 이 두려움은 새로운 것이다. 가인은 자신이 동생을 죽였기 때문에 '누구든 나를 죽일 것'이라고 생각한다. 가인은 두려움을 통해 자신의 행동이 전염될 수 있다는 것을 깨닫는다. '누구든 나를 죽일 것이다'는 말은 그 순간 인류가 가인과 그의 부모인 아담과 이브에 국한되지 않는다는 것을 보여준다. '가인'이라는 이름은 최초의 살인에 의해 만들어진 최초의 사회를 지칭하기도 한다. 잠재적 살인자가 많고 그럴수록 이들이 살인 하지 못하도록 막을 무엇이 필요한 이유도 바로 이 때문이다. 하나님은 이러한 상황 속에서 살인을 처벌하는 최초의 법을 공포한다. "가인을 죽이는 자는 일곱 갑절로 벌을 받을 것이다."창4:15 살인을 막는 이 최초의 법은 가인이 만든 문화이다.76)

이 최초의 법은 하나님께 받은 징표이다. 이것은 하나님의 보호의 징표이다. 그러나 그 표가 무슨 소용이 있는가? 그는 자신이 이미 죄로 파괴한 것보다 분명한 안전을 원할 것이다. 이제 그는 되돌아 갈 수 없다. 하나님의 임재가 사라진 상황에서 스스로의 안전을 책임져야 한다. 그로 말미암아 만들어진 인간의 문화 속에서 그의 사업을 완수해야 한다.

6) 문화의 기원은 살인이다

신약성경에서 마태와 누가는 가인의 살인을 직접적으로 언급한

---

76) 르네 지라르, 『나는 사탄이 번개처럼 떨어지는 것을 본다』, 김진식 역 (서울: 문학과지성사, 2005), pp. 111-2.

다.마23:35; 눅11:50~51 누가복음은 '창세세상의 설립' 라는 말로 시작한다. "창세 이래로 흘린 모든 예언자들의 피의 대가를 이 세대에게 요구할 것이다. 아벨의 피에서 비롯하여 제단과 성소 사이에서 죽은 사가랴의 피에 이르기까지 말이다. 그렇다. 나는 너희에게 말한다. 이 세대가 그 책임을 져야 할 것이다."눅11:50~51 아벨은 믿음을 가진 의로운 사람이었지만, 그의 형 가인에 의해 죽임 당하였다.창4:8 그는 성경에 기록된 최초의 순교자였다. 역대하 24장 20~22절에 기록된 사가랴여호야다의 아들 사가랴는 백성의 우상숭배를 꾸짖다가 돌에 맞아 죽었다. 히브리인의 구약성경 순서는 창세기가 맨 앞이고 역대하가 맨 마지막이다. 따라서 이 구절은 구약의 순교 역사를 요약한 것이기도 하다.77)

'창세세상의 설립 이래' 라는 문맥에서 아벨을 암시하는 이 구절이 갖는 중요한 이유는 인류 최초의 문화는 살인에 뿌리를 둔다는 분명한 생각을 취하기 때문이다.78) 요한복음에도 이와 같은 것을 언급한 구절이 있다. "너희는 너희 아비인 악마에게서 났으며, 또 그 아비의 욕망대로 하려고 한다. 그는 처음부터 살인자였다. 또 그는 진리 편에 있지 않다. 그것은 그 속에 진리가 없기 때문이다. 그가 거짓말을 할 때에는 본성에서 그렇게 하는 것이다. 그는 거짓말쟁이며, 거짓의 아비이기 때문이다."요8:44 '처음부터'에 해당하는 'αγxη아르케'는 기원, 처음, 시작을 의미하며 무에서의 창조를 지칭

---

77) 이국진 편,『열린노트성경』(서울: 아가페출판사, 2006) 신약편 p. 114.
78) 르네 지라르,『나는 사탄이 번개처럼 떨어지는 것을 본다』, p. 114.

할 수 없고 당연히 인류의 첫 문화와 관련 있다. 그러므로 이 'αγxη 아르케'는 공관복음에 나오는 '세상의 설립'과 같은 뜻으로 첫 번째 문화의 설립이다.[79]

만약, 살해와 시작이 우연한 관계였다면, 그리고 단순히 지구상에 인간이 처음 존재할 때부터 사탄이 인간을 살인 하도록 부추겼다는 의미라면, 요한은 첫 살인에 대해 '기원'이라는 말을 사용하지 않았을 것이고, 마태와 누가도 세상 설립과 아벨의 죽음을 비교하지 않았을 것이다. 이 세 구절, 즉 마태와 누가 그리고 요한복음의 구절은 모두 같은 의미이다. 이 구절은 모두 우리에게 기원과 첫 번째 집단 살해 사이에는 필연적 관계가 있음을 말해준다. 살해와 문화의 기원은 하나이다. 악마가 '처음부터' 살인자라면, 이 말은 곧 그 후에도 그렇다는 의미이다. 어떤 문화가 나타날 때에는 항상 이런 유형의 살인에서 시작한다. 첫 번째 살인이 첫 번째 문화의 기원이라면 그 후의 살인은 당연히 그 후 문화의 기원이 될 것이다.[80] 인간의 문화는 이렇듯 폭력에 기반을 두고 있다.

구약에 보면 십계명이 있다. 십계명은 그 정도가 심각한, 중요한 폭력을 다음과 같이 금한다.

살인하지 못한다.
간음하지 못한다.

---

[79] 위의 책, p. 115.
[80] 위의 책.

도둑질하지 못한다.

너희 이웃에게 불리한 거짓 증언을 하지 못한다.

그런데 마지막 열 번째 계명은 그 길이와 대상에서 앞의 것과 대조를 이룬다. 이 계명은 어떤 '행위'를 금하기보다는 어떤 '욕망'을 금하기 때문이다.

> 너희 이웃의 집을 탐내지 못한다. 너희 이웃의 아내나 남종이나 여종이나 소나 나귀나 할 것 없이, 너희 이웃의 소유는 어떤 것도 탐내지 못한다출20:17

'탐내다'라는 동사는 여기에서 범상치 않은 욕망, 무서운 범죄에나 해당하는 사악한 욕망을 암시하는 것처럼 보이지만 '탐내다'로 번역된 이 히브리어는 그냥 단순히 '욕망하다'라는 의미이다. 금지된 과일에 대한 하와의 욕망을 가리키는 것도 이 말이다.[81] 이것은 소수의 지엽적 사람에게 해당하는 계명이 아니다. 이 열 번째 계명은 앞의 계명들에 대한 결론이다. 살인, 거짓말, 간음 등의 인간의 모든 죄는 바로 탐욕을 통해 생기기 때문이다. 그러므로 이 열 번째 계명은 간단히 말해 욕망을 문제 삼은 것이다. 열 번째 계명은 욕망의 이해에서 '코페르니쿠스적 혁명'이다. 사람은 욕망이 객관적이거나 아니면 주관적이라고 생각한다. 하지만, 욕망은 사실 그 대상

---

81) 위의 책, pp. 19~20.

을 가치 있게 만드는 타인에 근거하는데, 이 타인은 곧 가장 가까이 있는 제 삼자, 즉 이웃이다.

　세상 문화는 인간의 욕망을 자극한다. 내 이웃의 것을 탐해야만 경제가 돌아간다. 경쟁이 다 무엇인가? 특별히 요즘 사회는 더 경쟁을 강조한다. 세상은 이미 무한 경쟁을 향한다. FTA는 이러한 무한 경쟁을 향한 방법 중의 하나이다. 경쟁자의 등장은 욕망하는 대상의 가치를 확인시켜 주는 것이다. 예를 들어, 사람들이 아파트 청약을 하러 나온다. 사람이 얼마 없을 줄 알았는데 나와 보니 엄청난 사람들이 있는 것을 보았을 때, 소유욕은 더 불탄다. 어떻게 해서든 당첨되기 원한다. 경쟁심은 계속해서 경쟁심을 낳는다. 그리고 이러한 경쟁심과 소유욕을 끌어 올려야 집값은 더 높아진다. 사람들은 집값을 더 올리고자 모든 수단과 방법을 가리지 않는다. 자신의 집값이 오른다는데 싫어할 사람이 있겠는가? 집값이 오르면 오를수록 사람들은 그 집을 더 탐내게 되어 있다. 세상의 문화는 이렇게 싹이 튼다. 경쟁자가 많이 나타나야 소유에 대한 욕망이 계속 증가한다. 따라서 악덕 상술은 일주일 할 모집 공고도 단 하루 만에 해치운다. 그러면 북적대는 사람들로 분위기는 더 타오른다. 세상 문화는 이처럼 인간의 욕망을 자극하며 극한으로 끌어올린다. 버블경제도 이런 방식으로 탄생한다.

　그러나 성서에서는 욕망에 대하여 이렇게 말하지 않는다. 십계명의 마지막 계명은 이웃을 탐하는 것을 금한다. 왜냐하면, 이 욕망이 인간 사회에 근본적 폭력을 만들기 때문이다. '이웃에 대한 욕망의 금기'는 세상 문화의 정반대에 서있는 하나님나라의 문화이다. 이웃을 욕망하지 않는다면 우리는 결코 살인도, 간음도, 절도도 그리고 거짓 증언도 하지 않을 것이다. 열 번째 계명만 지키면 앞선 네 계명은 없어도 되는 동어 반복이다.

십계명은 철학논문처럼 원인에서 시작하여 결과로 나아가는 것이 아니라 그 역순을 따른다. 십계명은 가장 우선적인 것부터 방비하는데, 바로 폭력을 멀리하고자 폭력을 금한다. 그 뒤에 십계명은 폭력의 원인을 찾다가 이웃을 향한 욕망을 발견한다. 그리하여 십계명은 곧 이 욕망을 금한다. 이 열 번째 계명은 어떤 혁명을 준비하면서 예고하는데, 이것은 실제로 복음서에 나타난다. 예수님은 항상 어떤 것을 하지 말라는 금지의 용어를 사용하는 것이 아니라, 모방의 언어로 말한다. 인간의 문화는 모방에 의해 전수 된다. 인간의 언어는 대표적 문화 전달자인데, 언어도 역시 어릴 때부터 모방을 통해 배운다. 모방하는 인간의 본성은 변할 수 없다. 인간의 경쟁적 모방 욕망도 역시 마찬가지이다. 금한다는 것은 아주 어려운 일이다. 구약이 그것을 말해준다. 십계명의 마지막 해답이 바로 예수 그리스도이시다.

즉, 예수님은 항상 자신을 본받으라고 말씀하신다. 절대로 하지 말라는 금욕을 말하지 않는다. 무엇을 본받으라는 것일까? 그것은 바로 예수님 자신의 '욕망'이다. 이 욕망은 또한 그가 세운 '가능한 한 하나님 아버지를 가장 많이 닮는다'는 목표로 그를 인도하는 정신이다.82) 예수님의 욕망을 모방하라는 것은 하나의 모순처럼 보일 수도 있다. 왜냐하면, 예수님은 자신의 욕망, '자신에게 속한' 욕망을 가지려고 하지 않기 때문이다. 우리가 자신에 대해 주장하는 것과 달리 그는 '자기 자신이기를' 고집하지 않는다. 그는 '자신의 욕망에만 따른다'는 것을 내세워 자랑하지도 않는다. 그의 목표는 완전한 "하나님의 형상"이 되는 것이다. 그래서 그는 아버지를 모방하는 데에 온 힘을 바친다. 우리에게 그를 모방하라는 것은 결국, 그의 모방을 모방하라는 것이다. 우리는 예수님을 닮아 감으로, 그분을 모방함으로 이 새로운 창조에 동참한다. 예수님은 바로 당신 안에 진리의 씨앗을 심고자, 새로운 창조를 위해 이 세상에 오신 분이시다. 그 힘은 사랑이며, 사랑으로 자신의 목숨까지 아끼지 않고, 우리를 위해 죽으셨다.

7) 예배하지 않는 자는 분노한다

또 하나의 불충분한 예를 들어보자. 논리적인 비약이 있을 수 있지만, 하나님과 인간의 관계를 조금이라도 서술하기 위해 순비했다. 여기에 빈털터리 날품팔이 한 명과 지금까지 볼 수 없었던 권세 있는 황제가 있다. 그런데 이 황제가 갑자기 날품팔이에게 심부름 보낼 일이 생겼다. 그런데 이 날품팔이는 황제가 자기와 같은 미천한 존재를 알 것이라고 꿈에도 몰랐으며, 그런 생각을 품어본 적도 없다. 그렇기 때문에 만약, 단 한 번만이라도 황제를 보는 게 허락된

---

82) 위의 책, pp. 26-7.

다면, 그는 말로 다 표현할 수 없을 정도로 기뻐할 것이며, 그것을 생애 최대의 사건으로 자자손손 전할 것이다.

그런데 이 날품팔이에게 황제가 신하를 보내 그를 사위 삼고 싶어 한다는 뜻을 전했다고 하자. 그러면 과연 어떤 일이 일어날까? 그 날품팔이는 상당히 당혹스러워 할지도 모른다. 혹은, 자제할 수 없을 정도로 몹시 당황하고 난처하여 부끄러운 생각을 하게 될 수도 있다. 즉, 황제가 자신을 바보 천치로 만들려한다는 생각을 하는 것이다. 아니면 그런 엉뚱한 제안은 하지 않을 것이라 생각할 것이다. 그리고 이렇게 황제의 손에 놀아나면 자신은 시중의 웃음거리가 되고 자신의 사진이 신문에 실릴 것이며, 자신과 공주의 혼담이 세간의 여인들에게 화젯거리가 되리라는 생각을 할 것이다. 그렇지만, 황제의 사위가 된다는 것은 외적으로는 사실임에는 틀림없다. 그래서 그는 황제가 얼마나 진지하게 말하는지 혹은 황제가 다만 자신을 평생토록 불행하게 만들려고 하는지 실질적으로 확인할 수도 있을 것이다. 그러나 아무리 생각해도, 날품팔이에게 황제의 사위가 된다는 것은 분에 넘치는 일일 것이다. 나타난 호의가 작은 것이면 날품팔이의 두뇌로도 이해할 수 있을 것이다. 그러나 호의가 크면 클수록 의심은 더욱 증가한다.

물론, 황제의 사위가 된다는 것은 분에 넘치는 일이다. 그러나 지금은 외적으로 황제의 사위가 되는 것이 중요한 것이 아니라, 내적인 것이 문제가 된다. 즉, 날품팔이가 이 사실을 어떻게 받아들일 것이냐의 문제이다. 따라서 그것이 사실이라는 것만으로는 날품팔이를 확신시킬 수 없으며, 모든 것이 신앙에 맡겨질 수밖에 없다. 즉, 그는 믿어야 한다. 이 사실을 믿음으로 받아들인다 할지라도 얼마나 뻔뻔한 용기인가?

또한, 이러한 뻔뻔한 용기를 가진 날품팔이가 얼마나 되겠는가? 그래서 이 용기가 없는 자는 분노하며, 희한한 것은 그러한 제안이 오히려 조롱조로 들린다는 것이다. 그러면 그는 아마도 이렇게 진심을 고백할 것이다. "그런 것은 나에게 너무 과분합니다. 그것은 이해할 수 없을뿐더러 더 정직하게 말해서 나에게 어울리지도 않습니다."[83]

그러면 기독교는 어떤가? 기독교는 다음과 같이 가르친다. 신앙인은 황제가 아니라, 하나님 앞에 서 있다. 그리고 하나님은 독자인 당신을 사랑했기 때문에 독생자 예수 그리스도를 보내셨다는 것이다. 당신은 이 사실을 믿을 수 있는가? 하나님 앞에 홀로 선 단독자[84]는 그가 남자든 여자든, 하녀든 장관이든, 상인이든 이발사든, 학생이든 선생이든, 그 외 무엇이든 간에 하나님 앞에 서 있다.코람데오 평생 단 한 번이라도 대통령과 이야기 한 적 있다면 아마도 그것을 자랑으로 삼을 사람이 있을 것이다. 어떤 연예인과 절친한 사이인 사람은 항상 그것을 자랑하고 다닐 수도 있다. 이처럼 신앙인은 현재 하나님 앞에 있으며 아무 때든 원할 때 하나님과 대화할 수 있고 확실히 가장 친한 사이가 될 수 있도록 초대되었다. 이 얼마나 대단한 일인가? 연예인이나 대

---
83) 키에르케고르, 『죽음에 이르는 병』 박환덕 역 (서울: 범우사, 2002), pp. 138-40.
84) 키에르케고어에서는 중요한 개념이다. 단독자에 대한 더 많은 정보를 원한다면 다음의 책을 참고하라. 표재명. 『키에르케고어의 단독자 개념』. 서울: 서광사, 1992.

통령에 비교나 되겠는가?

그뿐만 아니라 그 사람을 위하여 하나님이 세상에 왔고 그 하나님은 사람의 아들로 태어나 수난을 겪고 죽게 된다. 이 수난의 하나님이, 사람을 위한 구원의 제의를 사람들이 받도록 거의 애걸하다시피 간청한다. 만약, 이 사실로 인해 자신의 정신을 잃는 자가 세상에 있다면 바로 이것이 오늘 우리가 논하는 문제이다. 그리고 바로 이것을 믿을 겸손한 용기, 혹은 뻔뻔한 용기를 갖지 못하는 자는 누구나 분노실족한다.[85] 그런데 어째서 그는 분노할까? 그것은 그에게 너무나 높기 때문이다. 그의 머리로는 도저히 이해할 수 없다. 그가 이 사실과 만나면 솔직한 기분이 될 수 없으며, 따라서 그것을 무시하여 바보 천치나 넌센스로 만들지 않고는 견딜 수 없다. 왜냐하면, 그것이 그를 질식 시켜 버릴 것 같기 때문이다.

그렇다면 분노란 무엇인가? 분노란 불행한 경탄敬歎, admiration, 감탄이다. 그렇기 때문에 그것은 시기과 비슷하다. 그러나 그것은 부러워하는 자기 자신에 대한 질투이다. 더욱 엄밀히 말하면 자기 자신

---

[85] 독자들은 여기에 설명하고 있는 분노에 대하여 오해가 없기를 바란다. 분노는 실족을 의미하고 있다. 앞으로 모든 표현은 실족보다는 분노로 표현하게 될 것이다. 성경에서는 많은 곳에서 실족이라는 말을 다양하게 번역하고 있다. 예들 들어, "오해하다, 분노하다, 실족하다, 넘어지게 하다, 버리다" 등과 같은 번역이다. 그러나 이러한 다양한 번역 때문에 실족이라는 말과 연결시켜 생각하지 못한다. 그러나 헬라어 원어로는 σκανδαλιζω이다. 다음을 참고하라. 명사의 실족은 성서에서 '거치는 것(롬11:9), 부딪힐 것(롬14:3), 거리끼는 것(고전1:23), 십자가의 거치는 것(The offense of the cross, 갈5:11), 거리낌(요일2:10), 올무(계2:14), 거치는 반석(롬9:33, 벧전2:8), 넘어지게 하는 자(마16:23)'과 같은 뜻으로 쓰이고 있는데, 대부분은 예수 그리스도 지시할 때 쓰이는 단어들이다. 동사 형태의 실족하다 역시 마찬가지 인데, '실족하다(마5:29, 30; 11:6; 18:6, 7, 8, 9; 눅7:23; 17:1, 2; 요16:1; 고전8:13), 거치게 하다(롬16:17), 걸림이 되다(요6:61), 넘어지다(마13:21, 막4:17), 범죄케 하다(막9:43, 45, 47), 버리다(마26:31, 33), 오해하다(마17:27)'와 같은 의미로 쓰이고 있다.

에 대해 더욱 악의에 찬 질투이다. 신앙을 갖지 않은 사람의 자연 그 대로의 냉담함은 하나님께서 그를 위해 의도해 놓은 "아주 특별한 것"[86] 을 받아들일 수 없게 한다. 그래서 그는 분노한다. 그런데 분노의 정도는 인간이 감탄경탄할 때, 어느 정도의 열정을 갖는가에 달려 있다. 즉, 그가 한 없이 갖고 싶었고 사모했던 것을 받아들일 수 없거나 갖지 못할 때 그는 분노한다.

분노를 이해하기 위해서 인간의 시기를 조금 더 살펴보자. 시기는 비밀의 감탄이다. 감탄하는 자는 지금 부러운 대상을 마음속에서 은밀하게 바라보고 찬양하는 자이다. 그리고 그가 부러워하는 대상에 헌신함으로 행복할 수 없다고 느낄 때, 그는 감탄하는 대상을 질투하기 시작한다. 그렇게 되면 그는 말하는 것도 달라진다. 그가 감탄하는 것은 실제로는 아무 것도 아니며 우스꽝스럽고 쓸모없는 데다 기묘하고 엉뚱하다고까지 그는 말한다. 사실은 그는 그것을 사모하고 있다

> **그러므로 존경은 행복한 자기포기이지만,**
> **시기는 불행한 자기주장이다.**

분노도 이와 같다. 인간과 인간 사이의 존경과 시기는 하나님과 인간 사이의 예배와 분노의 관계와 같다. 따라서 인간과 인간 사이

---

[86] "아주 특별한 것"은 사람으로 생각할 수 없는 것이다. 혹은 이해할 수 없는 삶의 고난일 수도 있다. 도저히 자신의 두뇌로 생각할 수 없는 일이 발생한 것이다.

에서 존경의 관계가 성립하면, 그는 존경하는 자와 행복을 나눌 수도 있으며, 기꺼이 그에 대하여 감탄을 아끼지 않는다. 그러나 시기의 관계가 성립하면, 내심 상대에 대하여 감탄하지만, 자신이 부러워하는 것을 가지지 못했다는 생각이 그를 가장 불행한 곳으로 안내한다. 그는 살았으나 살아 있는 것이 아니며, 살아서 지옥을 경험할 수도 있다. 또한, 이 시기는 질투로, 질투는 분노로, 분노는 살인으로 변한다. 예배와 분노의 관계도 마치 이와 같아서, 예배하지 못하는 자는 하나님께서 주신 아주 특별한 것을 받을 수 없을 때, 분노한다. 믿지 않는 자는 아예 이 분노를 의식하지도 못한 채 살아간다. 믿는 자는 믿지만, 하나님께서 허락하신 아주 특별한 삶을 인정할 수 없을 때 분노한다.[87]

사람들은 흔히 예수 믿으면 구원받고 복 받는다고 말한다. 예수 믿어서 더 힘들고, 예수 믿어서 더 많은 불행이 몰아치고, 예수 믿었더니 집에 불화가 생기고, 예수 믿었더니 친구가 등 돌리고, 예수 믿었더니 사업을 더 이상 지속할 수 없을 때, 이러한 일들과 믿기 때문에 오는 애매한 고난은 믿는 자를 절망으로 몰고 간다. 이 독특한 삶, 그의 이성으로는 이해할 수 없는 이 모든 상황과 독특성을 받아들일 수 없을 때, 그는 하나님을 향해 분노한다. 마치, 가인이 하나님께 분노하듯, 그는 분노한다.

세상에는 수많은 성공서적이 쏟아진다. "하면 된다. 긍정적 마음을 가져라. You can do it!"등 수많은 낙관적 이야기를 만들어낸다.

---
[87] 키에르케고르, 『죽음에 이르는 병』 p. 141.

그러나 엄밀히 말하면 기독교는 정반대편에 서 있다. 기독교는 낙관에서 출발하는 것이 아니다. 기독교는 비관의 인식에서 출발한다. 사람은 자신의 삶 가운데 오는 애매한 불행을 이해할 수 없다. 아무리 긍정적으로 살고 싶어도, 살 수 없는 것이 우리의 삶이다. 그런데 여기에 최면을 걸듯 긍정적 마음을 가르쳐 봐야 그것은 비관을 낙관으로 포장한 썩은 포장지에 불과하다. 우리는 이 불행의 근원을 알 수 없다. 그리고 이해할 수 없을 때, 하나님 앞에서 무릎 꿇을 수 있는 겸손한 용기가 필요하다. 우리는 가끔 삶 속에서 "왜 이런 일이 발생할까?"라는 질문을 던질 때가 있다. "무의미의 폭력"이라고 말할 수도 있을 것 같다.[88] 삶의 의미를 알 수 없다. 세상은 가면 갈수록 더 편해지고 살기 좋아지지만, 이상하게도 우리의 영혼만큼은 안식을 누리지 못하며 오히려 더 심각하게 고통 받는 것이 작금의 현실이다. 이유가 무엇일까? 현대인들은 인생의 무의미, 허무와 더 많이 싸우고 있다.

---

88) 빅터 프랭클, 『삶의 물음에 '예'라고 대답하라』 남기호 역 (서울: 산해, 2009), p. 18.

chapter 4 · 선물

12 시험을 견디어 내는 사람은 복이 있습니다. 그 사람은 그의 참됨이 입증되어서, 생명의 면류관을 받을 것이기 때문입니다. 그것은 하나님을 사랑하는 사람들에게 약속된 것입니다.
13 시험을 당할 때에, 아무도 "내가 하나님께 시험을 당하고 있다" 하고 말하지 마십시오. 하나님께서는 악에게 시험을 받지도 않으시고, 또 시험하지도 않으십니다.
14 사람이 시험을 당하는 것은 각각 자기의 욕심에 이끌려서, 꾐에 빠지기 때문입니다.
15 욕심이 잉태하면 죄를 낳고, 죄가 자라면 죽음을 낳습니다.
16 나의 사랑하는 형제자매 여러분, 속지 마십시오.
17 온갖 좋은 선물과 모든 완전한 은사는 위에서, 곧 빛들을 지으신 아버지께로부터 내려옵니다. 아버지께는 이러저러한 변함이나 회전하는 그림자가 없으십니다.
18 그는 뜻을 정하셔서 진리의 말씀으로 우리를 낳아주셨습니다. 그리하여 그는 우리를 피조물 가운데 첫 열매가 되게 하셨습니다 약1:12~18

1) 삶은 하나님이 주신 의무이다

야고보서는 예수님 동생 야고보가 썼다. 야고보는 예수께서 생존해 있는 동안에는 믿지 못했다. 부활하신 예수님을 만난 후에 믿게 되었다. 아마도 야고보만큼 예수님을 그리스도로 믿기 힘든 사람도 없었을 것이다. 그는 육신의 형으로만 생각했을 것이고 그분의 하시는 일들을 이해하기 어려웠을 것이기 때문이다. 그렇기 때문에 누구보다 믿음에 대해서 고민했을 것이다. 뿐만 아니라, 야고보가 편지를 썼을 당시에는 극심한 기근이 있었을 것이다.행11:46 AD 46년경이었다.[89] 사도 바울에 의해 스데반이 순교를 당하게 된 것은 AD 35년경 이었고 야고보가 예루살렘 회의의 의장을 맡아 보던 해는 AD 52년경이었다.행15장 핍박 때문에 유대인 그리스도인들은 뿔뿔이 흩어졌을 것이다.

야고보는 흩어져 있는 열두 지파에게 문안한다.약1:1 그리스도인들의 흩어짐은 안전을 위한 것일까? 아니다. 하나님은 믿는 자에게 더 고상한 목적을 성취하기 위해서 핍박과 역경을 허락하셨다는 것을 기억하라.[90] 복음의 씨앗을 뿌림으로써 영혼을 구원하고 하나님의 형상을 이루기 위해 분투하는 것보다 더 고상한 목적은 없다.

그러나 흩어진 그리스도인들은 많은 고난을 겪어야 했다. 경건치 못한 부자들의 횡포와 학대 때문에 성도들이 어려움을 당했고,약5:1-6 일부 성도들의 신앙은 형식에 치우쳤으며,1:22-27; 2:14-26 사랑이 식

---
89) Christopher W. Morgan, 『야고보신학』관계일 역 (서울: 개혁주의신학사, 2011), p. 50.
90) Spiros Zodhiates, *The Work of Faith* (Grand Rapids: WM. B. Eerdmans Publishing, 1963), 18.

어 외모로 사람을 판단하는 사태까지 발생했다.2:1-13 말과 행동이 거칠어서 성도간의 교제가 단절되기도 했다.3:1-12 91) 그러나 사도가 권면하는 것을 보라. "나의 형제 여러분, 여러 가지 시험에 빠질 때에, 그것을 더할 나위 없는 기쁨으로 생각하십시오."약1:2 야고보는 우리의 삶에서 일어나는 어쩔 수 없는 고난과 역경을 어떻게 넘어설 수 있는가를 말하고 있다. 야고보의 권면을 조금 더 생각해 보자.

Πᾶσαν χαρὰν ἡγήσασθε모든 기쁨으로 여기라!는 사도의 말씀이다. 즉, 하나님이 우리에게 허락하신 모든 경험은 위대한 기쁨의 근원이 되어야 한다는 것이다. 그리스도인들은 자신의 경험을 기쁜 것과 불쾌한 것으로 나누지 말아야 한다는 것이다.92) 말씀의 진리를 훈련하고 현실화시킬 수만 있다면 얼마나 행복할까? 혹은 당신은 삶에서 일어나는 모든 경험을 완전한 기쁨으로 여길 수 있는가?

야고보 사도의 관심은 무엇인가? 그리스도인들의 신앙생활이 더 나아지기는커녕, 외부적으로는 더 많은 환란과 핍박이 있었다. 내부적으로 그리스도인들의 공동체 안에서도 역시 많은 문제와 고통들이 있었다. 이런 문제들을 어떻게 극복하고 해결할 것인가? 야고보의 관심이 바로 이 시간 다루어야 하는 주제이다. 우리도 역시 동일하게 신앙생활 속에서 삶이 나아지지 않는다면, 오히려 더 많은 고난이 닥쳐온다면 어떻게 해석하고 대처할 것인가?

---

91) 이국진 편, 『열린 노트성경』 (서울: 아가페, 2006), p. 371.
92) Spiros Zodhiates, *The Work of Faith*, 20.

우리는 과거, 현재, 미래로 나눌 수 있는 시간 속에 살고 있다. 살기 위해 아등바등 노력하지만, 결과는 죽음이다. 죽고 없어지는 삶은 허무하다. 꽃이 필 때가 있으면 꽃은 시들 때가 있다. 날 때가 있으면 죽을 때도 있다. 웃을 때가 있으면 울 때도 있다. 사랑할 때가 있으면 미워할 때도 있다. 그러나 다 죽고 없어진다면, 이 모든 수고가 무슨 유익이 있을까?전3:1-9 결국, 허무한 삶이 인생인가? 어느 날 죽을 날만을 기다리는 노인이 젊은이에게 충고한다. "인생을 살아보니, 춤 출 때가 있으면 춤을 추지 못할 때가 있지. 그러나 결국 춤을 추는 것과 추지 못하는 것은 아무 것도 아니네, 젊은이. 춤을 추지 못했다고 해서 너무 상심하지 말게나. 내가 이 나이 되어 보니 모두 똑같아." 아마도 젊은이는 노인의 이야기를 듣고 위로를 얻었는지도 모른다.

과연 노인의 말은 옳은 것인가? 틀렸다. 노인은 사람의 때와 식물이나 동물의 때가 다르다는 것을 몰랐다. 전도서의 말씀은 "노인의 지혜"가 아니다. 전도서의 말씀은 "영원의 지혜"로 우리에게 충고하고 있다. 그렇다면, 식물의 때와 인간의 때는 무엇이 다른가? 인간의 삶의 외재적 변화는 동물이나 식물과 비교해 볼 때, 별반 다르지 않다. 그러나 여기에서 가장 중요한 것이 생략되어 있다. 즉, 그것은 "영원을 사모하는 마음"이다.전3:11 하나님은 사람에게만 영원을 사모하는 마음을 주셨다. 모든 식물과 동물들은 허무하게 자신의 인생을 마치고 나면 죽고 만다. 그리고 이야기는 거기에서 끝날 것이다. 그러나 인간은 다르다.

꽃은 필 때가 있고 시들어 죽을 때가 있다. 만약, 꽃이 죽지 않는다면 어떻게 될까? 그러면 꽃은 이렇게 말해야 할 것이다. "이야기는 여기에서 끝나지 않았어요. 왜냐하면 내가 죽을 때, 나는 불멸이니까요." 이것은 조금 이상한 이야기 아닌가? 죽었는데 어떻게 불멸인가? 꽃이 불멸이라면, 불명성은 확실히 꽃이 죽는 것을 금하고 있다. 조금 어려운 얘기겠지만, 그때 다음과 같이 결론을 지을 수 있다.

불멸성은 인생의 매 순간마다 현존해야만 한다![93]

무슨 말인가? 만약, 인간이 죽지 않는다면 춤출 때와 춤추지 못할 때는 영원한 차이가 있다. 우리는 현재에 사는 것이지, 과거나 미래에 사는 것이 아니다. 미래는 일종의 가능성의 형태로 남아 있으며, 과거는 운명의 형태로 담겨져 있다. 현재는 미래의 가능성을 현실화 시켜서 미래의 운명으로 넘긴다. 현재가 만든 업적은 영원한 불멸로 남는다. 즉, 춤출 때가 오면 춤을 추어야 한다. 그리고 춤을 춘 것은 사라지는 것이 아니라, 불멸의 형태로 남게 된다. 바로 이것이 "영원"이 우리에게 가르쳐 주는 교훈이다.

그렇다면, 젊은이가 춤출 때가 되었을 때, 춤을 추지 못했다면 어떻게 될까? 그는 후회해야 한다. 마음이 쓰리도록 후회해야 한다.

---

93) Søren Kierkegaard, *Upbuilding Discourses In Various Spirits* Trans. Howard V. Hong and Edna H. Hong (Princeton: Princeton University Press, 1993), 10.

"그것 별 것 아니야."라는 위로의 소리에 귀를 기울이면 안 된다. "후회"의 운동 속으로 들어와야 한다. 동물이나 식물은 후회하지 않는다. 그러나 인간은 후회한다. 물론, 이것은 고통스러운 작업이다. 언제까지 후회해야 하는가? 그가 하나님 앞에 설 때까지! 하나님을 대면할 때까지! 그러나 후회의 운동은 반쪽짜리 운동이다. 마치 여행객이 여행을 하다가 올바른 길로 왔는지 확인하기 위해 뒤를 돌아보는 것과 같다. 만약, 여행객이 뒤만 돌아보고 있다면 그는 앞으로 전진할 수 없다. 따라서 여행객은 앞으로 가는 운동도 해야 한다. 이 운동이 신앙인의 삶에서는 "회개"의 운동이다. 회개를 통해서 신앙인은 앞으로 나아간다. 식물은 나이테를 보고 나이를 알 수 있듯이 인간의 영적 나이는 후회와 회개의 운동을 통해서 영적 나이를 알 수 있다.[94]

영원이 우리에게 가르쳐 주는 지혜는 심오하다. 영원은 우리의 삶이 의무라는 것을 가르친다. 삶은 주어진 것이 아니라, 부과된 것이다.[95] 삶은 매 순간마다 과제이며 의무이다. 야고보가 살았을 당시에는 많은 핍박, 고통, 고난이 있었다고 말했다. 삶은 어려워질수록 더욱 의미가 깊어진다. 히말라야 산을 등반했던 김창호를 예로 들어보자.[96] 그는 산소통에 의존하지 않은 채, 등반에 성공했다. 그는 등반을 하다가 죽을 수도 있었다. 그는 또한 그의 동료들이 죽어 가는 것도 보았다. 그럼에도 불구하고 그는 마치 고난을 찾아다니는

---

94) 위의 책, p. 18.
95) 빅터 프랭클, 『삶의 물음에 '예'라고 대답하라』, p. 62.
96) http://news1.kr/articles/1141559 접속. 내용 편집.

사람처럼 산을 좋아한다. 그는 오히려 스스로 고난을 선택했다. 그러면, 고난 속에 괴로워하는 자와 김창호의 차이는 무엇인가? 김창호는 스스로 고난을 선택했다면, 고난 속에 괴로워하는 자는 자신이 선택하지 않았다는 것이다. 그는 어쩔 수 없이 삶의 고난 속에 매몰된 것이다. 그래서 그는 괴로워하고 있고 겪고 있는 고난을 피하고 싶어 한다.

삶이 대단한 것이 아니다. 그러나 삶은 대단한 것을 얻을 수 있는 기회이다. 하나의 사명을 완수하는 일은 영원을 얻는 일.[97]

다시, 사도의 말씀으로 돌아가 보자. 어떻게 우리는 시험에 빠졌을 때, 모든 기쁨으로 맞이할 수 있을까? 이것은 인간으로서는 불가능하다. 그럼에도 불구하고 시험을 견디어 내는 사람은 행복할 것이다. 왜냐하면 그에게 생명의 면류관이 기다리고 있기 때문이다. 바로 이것이 하나님을 사랑하는 사람들에게 약속된 것이다.[약1:12]

이 말씀을 이해하기 위해, 심리학의 도움을 받아보자. 심리학자들에 의해 입증된 바에 따르면, 일반적인 사람들은 일상의 삶 속에서 유쾌한 감정보다는 불쾌한 감정들을 더 현저히 체험한다고 한다.[98] 따라서 애초부터 기쁨을 위해 산다는 것은 불가능하다. 사형 선고를 받은 죄수를 상상해 보라. 그에게는 형이 집행되기 전, 마지

---

[97] 빅터 프랭클, 『심리의 발견』, p. 57.
[98] 빅터 프랭클, 『삶의 물음에 '예'라고 대답하라』, p. 31.

막 식사 메뉴를 고를 자유가 주어진다. 간수가 감방에 들어와 무엇이 먹고 싶은지 묻는다. 그러나 사형수는 제안을 물리친다. 그는 생각한다. 몇 시간 후면 시체로 변할 몸뚱이, 위장 속의 맛난 음식을 채워 넣는 것. 이 모든 것들이 죽음 앞에서 무슨 소용이 있겠는가? 몇 시간 후면 그와 같은 쾌락은 영원히 없어져 버릴 것이다.

사형수만 그럴까? 모든 사람은 엄밀히 말해서 죽음과 마주하고 있다. 그리고 사형수의 생각이 옳다면, 우리가 기쁨만을 구한다는 것은 가능하지도 않을뿐더러, 허무한 일이다. 즉, 기쁨 자체는 현존의 의미를 부여할 수 없다. 그렇기 때문에 기쁨이 없다고 해서 삶이 의미 없는 것도 아니다.[99]

이제 본격적으로 살펴보자. 사도는 시험에 빠질 때, 더할 나위 없는 기쁨으로 생각하라고 말하면서, 다음과 같이 덧붙이고 있다. "여러분은 믿음의 시련이 인내를 낳는다는 것을 알고 있습니다. 여러분은 인내력을 충분히 발휘하여, 조금도 부족함이 없이 완전하고 성숙한 사람이 되십시오."행1:3-4 이것은 시험을 피하라는 말일까? 이 시험은 외부로부터 오는 시험이며, 불굴의 의지로 견디라는 말이다. 참된 기쁨은 시험과 고난 후에 경험된다. 그렇다면, 야고보가 말한 시험은 기쁨의 근원이다.[100]

---

99) 위의 책, p. 32.
100) Spiros Zodhiates, *The Work of Faith*, 21.

> 밤새도록 눈물을 흘려도, 새벽이 오면 기쁨이 넘친다.시30:5

삶은 기쁨이 아니라, 의무이며 과제이다. 그것도 당신에게 부과된 유일한 의무이다. 즉, 당신이 아니고는 절대로 이루어질 수 없는 무엇을 삶 가운데 하나님께서 준비해 놓으셨다. 물론, 기뻐할 수도 있고 기뻐하기 위해 노력할 수도 있다. 그러나 기쁨은 저절로 생겨나야 한다. 기쁨은 결코 목표여서도 안 되며 목표가 되어서도 안 되고 목표일 수도 없다.[101] 기쁨은 단지 결과로만 주어진다. 즉, 기쁨은 하나님이 주신 선물이다. "너희는 먼저 하나님의 나라와 의를 구하여라. 그리하면 이 모든 것을 너희에게 더하여 주실 것이다."마6:33

2) 최고의 기쁨은 선물이다

> "시험을 당할 때에, 아무도 '내가 하나님께 시험을 당하고 있다' 하고 말하지 마십시오. 하나님께서는 악에게 시험을 받지도 않으시고, 또 시험하지도 않으십니다. 사람이 시험을 당하는 것은 각각 자기의 욕심에 이끌려서, 꾐에 빠지기 때문입니다. 욕심이 잉태하면 죄를 낳고, 죄가 자라면 죽음을 낳습니다."약1:13-15

위의 말씀은 혼란스러울 수 있다. 왜냐하면, 구약에서는 하나님께서 시험하신 사건들이 있기 때문이다. 예를 들어, 하나님이 아브라함에게 이삭을 바치라고 명하신 사건이었을 것이다.창22:1 분명히

---
101) 빅터 프랭클, 『삶의 물음에 '예'라고 대답하라』, p. 34.

구약에서는 시험하시는 하나님이 있는데 시험을 받지도, 하지도 않는다니! 그래서 사람들은 하나님이 주시는 영적 시험trial과 사단의 유혹temptation을 구별하여 사용하는 것을 좋아한다. 그러나 이것도 명확한 설명은 아니다. 왜냐하면 헬라어로는 같은 단어인 πειρασμός이다. 페이라스모스가 어떤 때에는 영적 시험이 되기도 하고 어떤 때에는 사단의 유혹이 되기도 한다. 하나님께서는 페이라스모스를 허락하시지만, 페이라스모스를 사단의 유혹으로 만들어 버린 것은 하나님이 아니라 사람이다. 페이라스모스는 중립적이다. 그러나 각자의 욕망에 따라서 시험이 될 수도 있고 유혹이 될 수도 있다. 기독교에서는 욕망을 제거하라고 가르치지 않는다. 인간 안에 있는 욕망은 제거할 수 없다. 그러므로 금욕주의는 기독교를 설명하지 못한다. 욕망의 제거는 불가능하다.102) 동물은 욕구가 채워지고 나면 더 이상 욕구는 발생하지 않는다. 그러나 인간의 욕망은 동물적 욕구와는 달라서 채워지지 않으며 무엇인가 더 많은 것을 갈망한다.103)

아담도 같은 페이라스모스를 경험한다. 하나님은 아담에게 선악과를 따먹지 말라고 말했고, 먹으면 죽는다고 말했다. 그러나 뱀은 하와에게 먹으면 죽게 되는 것이 아니라, 오히려 눈이 더 밝아져 하나님처럼 될 수 있다고 말했다.창3:5 하나님이 아담을 유혹에 빠지게 한 것일까? 혹은, 뱀이 아담을 유혹에 빠지게 한 것일까? 둘 다 아

---

102) 르네 지라르, 『나는 사탄이 번개처럼 떨어지는 것을 본다』, p. 29. 그에 의하면, 모방 욕망은 본질적으로 좋은 것이다.
103) 임마누엘 레비나스, 『존재에서 존재자로』 서동욱 역 (서울: 민음사, 2005), p. 61.

니다. 흔히 뱀이 유혹한 것이라고 말하지만, 사도는 그렇게 말하지 않는다. 모든 유혹은 각자의 욕망 때문에 온다는 것이다. 그러나 아담은 스스로의 욕망에 빠져 죽음의 길을 선택한다.

반면, 아브라함을 생각해 보라. 하나님이 이삭을 바치라고 명령한다. 상식적으로 이해가 되지 않았을 것이다. 사랑하는 아들을 주신 하나님이 다시 죽여서 가져오라니! 가인이 경험한 하나님은 아브라함이 경험한 하나님이다. 가인은 자신의 생각에 용납할 수 없는 차별을 만드신 하나님께 분노했고, 아브라함은 자신의 생각으로는 이해할 수 없는 일이지만, 순종을 감행한다. 즉, 아브라함은 분노하지 않았고 그는 페이라스모스를 하나님이 주신 영적 시험으로 만들어 놓았다. 만약 아브라함이 하나님께 분노했다면 상황은 어떻게 되었을까? 아브라함은 자신의 욕망에 이끌려 유혹에 빠졌을 것이다. 우리도 똑같은 페이라스모스를 경험할 수 있다. 이때, 어떤 반응을 보이는가는 아주 중요하다. 사도는 분노와 반항이 아니라, 수용 acceptance 을 권고하고 있다.104)

기독교는 욕망을 금한 것이 아니라 이용하라고 가르친다. 어떻게 이용하는가? 이미 우리가 살펴본 대로, 그리스도인들은 자신이 가진 욕망으로 이웃의 것을 탐하는 것이 아니라 예수 그리스도를 욕망한다. 예수 그리스도를 따르게 됨으로써 우리는 유혹으로부터 자유하게 될 수 있다. 예수 그리스도를 따르는 자들은 교만의 유혹에 빠지지 않는다. 그분을 따르는 자들은 부한 자나 가난한 자나, 현명

---

104) 키에르케고르, George Pattison, Spiritual Writings, xxi

한 자나 멍청한 자나, 권력자나 소시민이나 누구라도 차별이 없다. 따라서 제자도는 참된 페이라스모스의 완성이며 참된 축복이다. 예수 그리스도를 따르게 되면서 오는 온갖 시험을 극복하게 되면 생명의 면류관을 얻게 될 것이다. 이것 또한 차별이 없다. 중요한 것은 생명의 면류관을 보상처럼 생각해서는 안 된다는 것이다. 기쁨이 오직 선물로만 주어지듯이, 생명의 면류관은 보상이 아니라 선물이며 궁극적 승리이다. 장차 얻게 될 영광과도 관련이 있다. 이 영광은 예수 그리스도의 영광을 함께 누리게 되는 것이다.

이 세상에서 최고의 영광은 무엇일까? 다른 사람들은 다 굶주려 가지만, 은쟁반에 진수성찬을 차려 놓고 먹는다면 최고의 영광이 될 것이다. 다른 사람들은 집이 없어 방황할 때, 가장 좋은 저택에 살면서 낙을 누리는 것은 최고의 영광이 될 것이다. 일반 사람들이 절대 오르지 못할 학자가 되어, 세계에 자신의 이름을 알리는 것은 최고의 영광이 될 것이다. 이 지상에서 다른 사람이 부러워하는 최고의 자리에 오르는 것! 그래서 당신의 이름을 알리는 것! 그것은 지상에서 최고의 영광이 될 것이다![105] 당신은 아직도 이 싸움을 하고 있는가? 그렇다면 사단의 유혹에 빠져있는지 않은지 점검해 보라! 왜냐하면, 신앙인은 이런 싸움에 끼어들지 않기 때문이다.

그러나 예수 그리스도를 따르는 자들에게는 어떤 기쁨과 영광이 있는가? 오직 기쁨만이 예수 그리스도를 따르는 모든 자를 기다리고 있다면 세상의 기쁨과는 얼마나 다른가? 이것보다 더 큰 기쁨은

---

105) Søren Kierkegaard, *Upbuilding Discourses In Various Spirits*, 226.

없다. 예수 그리스도를 따르는 자들에게 어떤 기쁨과 영광이 있는지 생각해 보자.

먼저, 당신이 그리스도를 따르려 한다면, 길을 떠나야 한다. 그때, 당신은 세상에 대하여 배워야 한다. 세상은 강하나 당신은 약하다고 하는 것. 혈육의 싸움이 생길 때, 가는 길이 어려워진다는 것. 적들은 숫자가 많지만, 당신은 친구가 없다는 것. 그때, 당신은 고통으로 신음하게 될 것이다. "나는 홀로 가고 있어!" 그러나 아기를 생각해 보라. 아기가 걸음마를 배우며 홀로 걸을 때, 그는 엄마를 향해 울면서 말한다. "내가 홀로 걷고 있어요! 도와주세요." 엄마는 말하게 될 것이다. "훌륭하군, 내 아들아!" 주님을 따르는 자들도 이와 같다.

사람들은 필요가 가장 클 때, 도움은 가장 가까이에 있다고 말한다. 그러나 당신은 그리스도를 따르는 길이 이와 다르다는 것을 아는가? 오히려 이 길은 그 반대가 참이다. 즉, 필요가 가장 클 때, 도움은 가장 멀리 있다. 고난이 올 때, 고난의 무게는 당신을 짓누를 것이다. 일반적으로, 그것은 잘못된 길에 들어선 것이다. 그러나 주님을 따르는 길에서는 가장 큰 고난이 가장 큰 영광이다. 당신은 주님을 따르는 여행을 시작했고, 고난으로 한숨을 쉴 때, 당신은 정말로 축복받았다!

일반적으로, 사람들이 길을 갈 때에, 그는 순탄한 여행을 위해 길 위에 있는 위태로운 요소들과 익숙해져야 한다. 그래야 순조롭게 길을 갈 수 있다. 그럼에도 불구하고 많은 장애물들이 발생하고 앞을 갈 수 없는 상황이 온다. 그러나 자기 부인의 길, 주님을 따르는 길에서는 영원한 안전이 있다. 즉, 길을 따라 "고난"이라는 도로표지가 있고 바로 그 길 앞쪽에 "기쁨"이라는 표지판이 있다. 인생길을 갈 때, 올바른 길에 접어들었다는 확신보다 더 큰 기쁨이 있을까? 최고의 길, 가장 고상한 길을 선택할 수 있는 용기를 가졌다는 것보다 더 큰 기쁨이 있을까? 그 길에 영원한 안전이 있다는 것보다 더 큰 기쁨이 있을까?[106]

그러나 주님을 따라가는 사람들에게 여전히 남아 있는 마지막 기쁨이 있다. 이 기쁨에 대하여 살펴보자. 먼저, 주님을 따라가는 사람은 홀로 그 길을 가야 한다. 아기가 엄마의 치마를 잡고서 걷고 있는 동안에는 아이가 자신의 길을 가는 것이 아니다. 아기가 걸음마를 배우기 위해서 어머니는 아기 뒤로 빠져야 하며, 아기는 홀로 자신의 길을 가야한다. 주님을 따르는 제자 역시 믿음의 걸음마를 배우기 위해 홀로 걸어야 한다. 그러나 주님은 홀로 그 길을 가셨고 먼저 그 길을 가셨다. 왜 주님은 먼저 갔는가? "내 아버지의 집에는 있을 곳이 많다. 그렇지 않다면, 내가 너희가 있을 곳을 마련하러 간다고 너희에게 말했겠느냐? 나는 너희가 있을 곳을 마련하러 간다." 요14:2 이것이 따르는 자의 기쁜 소망이다. 이 기쁨은 최고의 기쁨이며 최고의 영광이다. 어째서 그러한가?

세상에서 최고의 이름을 남기는 것은 큰 영광이다. 운동선수들이 금메달을 따는 것은 최고의 영광이다. 오직 단 하나의 영광을 위해

---

106) 위의 책, p.227.

서 세상은 투쟁하고 있다. 그렇게 최고의 자리를 위해 살다가 사람들은 죽어 갔다. 그러나 이제 당신은 주님을 따르기로 결심했다. 그리고 그 길을 따라 여행을 시작해서 바로 여기까지 왔다. 그렇다면 주님이 우리에게 주는 최고의 영광된 자리는 무엇인가? 하나님께서는 가장 뛰어난 이름을 주님께 주셨다. 하나님께서는 그를 지극히 높이시고, 모든 이름 위에 뛰어난 이름을 주셨다. 그리하여 하늘과 땅 위와 땅 아래 있는 모든 것들이 예수의 이름 앞에 무릎을 꿇고, 모두가 예수 그리스도는 주님이시라고 고백하여, 하나님 아버지께 영광을 돌리게 하셨다. 빌2:9-11

만약, 주님을 따르는 당신이 이 말씀을 믿는다면, 당신은 같은 자리가 예상된다. 왜냐하면 바로 그 영광된 자리를 예비하러 가셨기 때문이다. 예수 그리스도는 이 땅에서와 땅 아래에서와 하늘에서 최고의 이름을 남긴 유일한 이름이다. 당신이 이 길에 들어섰다면, 잘한 것이다. 당신은 올바른 길에 들어 온 것이며, 이 길은 영원한 안전이 있다. 그리고 세상에서 단 한 번도 경험하지 못한 영광이 기다리고 있다.

이제, 당신은 야고보 사도가 말한 기쁨을 이해하는가? 시험에 빠질 때에 모든 기쁨으로 맞이할 수 있는가? 혹은, 시험을 참는 자에게 복이 있다는 것, 그들에게 생명의 면류관이 약속되어 있다는 것을 이해하는가? 주님을 따르기로 결심한 당신에게 이 면류관을 선물로 주기 위해서 주님께서는 가시 면류관을 썼다는 것도 기억하고 있는가? 그랬다면, 잘하였도다!

3) 완전한 선물은 받을 수 없다

"온갖 좋은 선물과 모든 완전한 은사는 위에서, 곧 빛들을 지으신 아버지께로부터 내려옵니다. 아버지께는 이러저러한 변함이나 회전하는 그림자가 없으십니다."

이 말씀은 아주 평온하고 부드럽게 해주지만, 그러나 이 말씀에서 위로의 풍요를 빨아 먹을 줄을 알고, 이 말씀을 제 것으로 삼을 줄 아는 사람이 얼마나 있을까? 누가 이 말씀을 주의 깊게 듣고 관심 갖고 보았을까? 삶의 고난을 경험하지 않고 이 말씀을 주의 깊게 볼 수 있을까? 사도가 말한 참된 고난을 경험하지 않는 자가 어떻게 이 말씀을 이해할 수 있을까? 페이라스모스를 유혹으로 바꾸어 놓은 자가 이 말씀을 이해할 수 있다고 생각하는가?

그리스도인 농부가 세상 사람들에게 조롱을 받고 있다. 그가 주일날 일을 하지 않았고 십일조를 냈기 때문이다. 가을이 되어 추수를 하게 되었을 때, 세상 사람들은 또 조롱한다. 그들은 적은 수확량을 보고 비웃는다. "너의 하나님은 어디 있는가? 그는 당신을 버렸다. 맞지?" 아마도 농부는 위의 저 말씀을 이해하기가 어려웠을 것이다. 그렇다고 농부는 하나님께 화를 낼 수 있을까? 농부가 화를 내는 것은 하나님의 의를 이룰 수 있을까?[약1:20]

삶의 고통을 겪고 있는 사람들과 슬픔을 당한 사람은 이 말씀을 주의 깊게 보았다. 그들은 자신의 영혼을 이 말씀에 깊이 잠그고,

이 말씀 때문에 더욱 더 시험에 빠진 자처럼 살았다. 슬픈 마음과 어찌할 바를 모르는 생각으로 다시 저 말씀을 깊이 새겨 본다. 그러나 그들에게 저 풍성한 위로의 말씀은 더 이상 위로가 아니다. 오히려 시험거리가 되고 있다. 완전한 모순! 완전한 역설이다! 이 말씀이 이해가 되지 않는다. 심지어 이 말씀은 평화를 위협하기까지 한다. 삶에 닥친 온갖 불행한 일을 보면 과연 정말 온전한 선물이라는 것이 하늘에서 오는지 의심부터 생긴다. 그래서 사도는 경고한다. "조금도 의심하지 말고 믿고 구해야 합니다. 의심하는 사람은 마치 바람에 밀려서 출렁이는 바다 물결과 같습니다."약1:6 그럼에도 불구하고 이 말씀은 신뢰하기가 너무나 힘들다. 이 말씀은 참으로 하나님에게까지 날아갈 날개를 주지만, 그러나 인생길을 가는 그들의 걸음에는 어떠한 도움도 되지 못했다. 오히려 실족이며 시험거리이다. "나의 삶을 돌이켜 보면 온갖 좋은 은사와 선물은 위로부터 온 적이 없다. 내 인생은 고통뿐이다. 하나님은 계시는가?"

예를 하나 들어 보자. 철수는 멋진 다이아몬드 반지를 가지고 있었다. 멋진 반지였다. 그는 가끔 이 멋진 반지를 장롱에서 꺼내 보고 기뻐했다. 그리고 그는 다음과 같이 말했다. "평상시 이것을 몸에 지니기에는 너무나 귀하다. 그러니 평상시 몸에 지닐 수는 없고, 가장 뜻 깊은 축제의 날을 기다리자." 그렇지만, 그에게 바로 슬픔이 몰려 왔다. 왜냐하면, 반지를 매우 몸에 지니고 싶었지만, 그의 삶에 반지를 지닐 기회는 오지 않았기 때문이다. 그는 인생의 축제가 오기를 기다렸다. 그러나 하나님은 그에게 축제를 허락하지 않았다.

그러므로 철수는 고요한 슬픔 속에 살면서도, 이 말씀이 좀처럼 이해되지 않았다. "하나님의 선물은 언제 나에게 오는가?" 마치 어린 아이처럼 철수는 이 반지를 지닐 기회를 바라고 또 바란다. 어렸을 때에는 쉽게 이해되었던 삶은 이제 알 수 없는 수수께끼로 변해 있었다. "이해할 수 없는 삶이 바로 이것이구나."라는 생각도 들었다. 철수는 자신의 삶을 설명하는 말씀이라도 들리는 것 같으면, 신속히 귀를 기울였다. 말하는 데에는 더디 하며 화내는 데도 더디 했다.약1:19 틀림없이 반지를 지닐 기회가 올 것이라는 기대만으로, 그는 감히 이 말씀을 던져 버리지 않았다. 반지를 차고 다닐 기회가 오면 철수는 구원받는다고 생각했다.

사랑하는 독자여, 분명 당신은 그런 날이 올 것이라고 말할 것이다. 반지를 차는 이 소원만 이루어진다면, 그들은 온 맘 다하여 주님을 증거하고 찬양했을 것이다. "하나님이 하셨다!"라고 자랑할 것이며 간증할 것이다.

그러나 보라. 이 소원은 철수에게서 거절당했다. 그리고 철수의 영혼은 소원의 열정에 농락당하고 안정을 잃어 버렸다. 절대 하나님께 반항하지 않았다. 겸손한 마음을 벗어던진 것도 아니다. 하나님께 열심히 기도했을 뿐이다. "이 소원은 저에게 매우 중요합니다. 저의 기쁨, 저의 평화, 저의 장래, 이 모든 것이 제 소원에 달렸습니다. 이 소원은 그만큼 중요하며 하나님에게는 아주 쉬운 일입니다. 왜냐하면, 하나님께서는 전능하시며 모든 것을 하실 수 있기 때문입니다." 그러나 소원은 이루어지지 않았다. 철수는 마음의 평화를 구했지만, 소용없었다. 그는 아무 열매도 없는 것에 열정을 쏟으며 잠도 못 잤다. 그에게 인생의 축제는 과연 올 것인가? 그는 단지 인생의 축제를 구했을 뿐인데. 혹시나 이루어지지 않을까하는 실낱같은 희망에, 가능성의 첨탑에 올라가 감시도 해 보았다. 그런 가능성이 보이면 곧바로 기도실로 내려가 열심히 기도했고, 이 기도의 도움을 받아 그 모든 것이 현실이 되게 했다. 그러나 그것은 착각이었다. 철수는 점점 더 힘을 잃었고 너무 슬펐다. 그는 정신을 잃었고 기력도 없다. 그리고 아침이 되고 저녁이 되었지만, 그는 여전히 피곤하며 소원하던 날은 밝아오지 않았다.

 하지만, 철수는 모든 노력을 다 했으며, 날이 새나 해가 지나 기도했으며, 더 열심히, 더 감동적으로 기도했다. 아! 그러나 아무 일도 일어나지 않았다. 그래도 하나님 말씀이 반드시 그의 소원을 이루어줄 것이며, 마음의 소원이었던 것을 그에게 가져다 줄 것이라는 확신을 가질 수만 있다면, 그래도 살아갔을 것이다. 그러나 그 확신조차 거절당했다. 열매 없는 소원이 철수를 지치게 했다. 철수는 하나님이 자신을 지옥 구덩이로 던지는 것만 같았다.

 그때, 아마도 철수의 본질, 철수의 영혼은 더 잠잠할 것이다. 더욱 더 침묵할 수밖에 없을 것이다. 아마도 철수의 마음은 자신도 눈치채지 못하게 더욱 부드러워질 것이다. 이 부드러움이 그의 마음 속에 심어지고, 그리하여 그의 영혼을 구원에 이르게 하는 저 말씀, 온갖 좋은 은사와 완전한 선물은 위에서 내려온다는 저 말씀을 받아들였을 것이다. 그때, 하나님께서는 철수를 속이지 않으셨다는 것을 그는 겸허하게 인정했을 것이다. 왜냐하면, 하나님께서는 철수가 원했던 세상의 어리석은 소원과 욕망을 받아들여 그것들을 그를 위해 바꾸시고, 그 대신 하늘의 위로와 신성한 사상을 그에게 주셨기 때문이다. 어떤 방식으로 주셨을까?

나는 지금 마치 하나님이 모든 소원을 들어 줄 것처럼 말하고 있는 영성 운동에 반대하고 있다. 하나님은 매 순간마다 역사하시고 동행하시는 분이므로 잘 이해할 수 있는 분으로 소개하고 있는 영성에 반대한다. 오히려 하나님은 우리가 알 수 없는 분이시고 알 수 없는 세계로 초청하고 있는 분이시라는 것을 말한다. 그때, 우리의 이해가 지금까지 도달하지 못했던 새로운 영역에서 나타나야 함을 강조하고 있다. 다시 철수 이야기로 돌아가 보자.

하나님께서 철수의 소원을 거절하셨을 때, 그것은 그를 거절한 것이 아니고, 그를 부당하게 대한 것도 아니다. 하나님은 고작 철수의 단 하나의 소원을 들어주는 대신 신앙을 선물로 주시며, 이 선물로 철수는 하나님을 얻고, 그리하여 세상을 이기게 하시려는 것이다. "하나님에게서 태어난 사람은 다 세상을 이기기 때문입니다. 세상을 이긴 승리는 이것이니, 곧 우리의 믿음입니다."요일5:4 그때 철수는 겸손한 기쁨으로 하나님께서 지금도 여전히 천지의 창조자이시며 세계를 무에서 창조하셨다는 것을 인정하게 된다. 뿐만 아니라, 그는 하나님은 한층 더 이해할 수 없는 일을 행하시며, 그의 안절부절못하고 불안정한 마음에서 영원한 생명이라는 불멸의 본질을 창조하고 있는 것을 인정했을 것이다.롬2:7 철수는 자신 안에 썩

지 않을 "숨은 사람," 곧 하나님의 형상이 창조되고 있다는 것을 이해하게 된다.벧전3:4

그때, 철수는 자신을 부끄럽게 생각할 것이다. 그리고 하나님께서 설득당하지 않으신 것은 다행이었다, 나에게 아주 좋은 일이었다고 고백했을 것이다.

그때, 철수는 사도의 훈계를 이해하게 될 것이다. 그리고 그가 축제를 구했던 것은 하나님을 시험해 보려는 착각이었다는 것을 알게 될 것이다.

그때, 철수는 자신의 태도가 얼마나 어리석었는지를 깨달았을 것이다. 그리고 오늘 이 말씀이 훈계와 어떻게 관련되어 있는지를 이해했을 것이다.

이제 독자 당신의 이야기로 돌아가 보자. 나는 이 시간 당신의 상태를 점검해 보려 한다. 당신은 "완전한 선물"을 받을 수 있는가? 혹은, 당신 안에서 선물의 "완전성"은 유지될 수 있는가?

만약, 하나님께서 당신의 소원을 다 들어 주셨다면 어떤 일이 생겼을까? 하나님께서는 전능한 아버지이기를 그만둬야만 했을 것이다. 그 까닭을 생각해 보자. 인간은 불완전하다.

만약, 당신이 인간이 불완전하다는 것을 인정한다면 인간의 소원도 불완전 하다는 것을 인정해야 한다. 온갖 좋은 은사, "완전한" 선물이 오직 하나님께로만 온다면, 당신의 불완전한 소원을 만족시키는 어떤 것도 "완전한" 선물, 온갖 좋은 은사일 수 없다는 것을 명심하라. 전능한 하나님께서는 당신의 소원을 채워주기라도 하는 날에는 "완전한" 하나님이심을 포기해야 할 것이다!

당신은 어떤 사람인가? 당신은 완전한 사람인가? 당신에 대한 이해를 더 확장하기 위해 하나의 예를 들어 보자. 농부가 밭에 곡식을 심었다. 이때, 곡식에게 이른 비와 늦은 비는 확실히 위에서 오는 좋은 선물이다. 그래서 곡식을 심은 농부는 비를 기다린다. "그러므로 형제자매 여러분, 주님께서 오실 때까지 참고 견디십시오. 보십시오, 농부는 이른 비와 늦은 비가 땅에 내리기까지 오래 참으며, 땅의 귀한 소출을 기다립니다."약5:7 그러나 이 선물이 당신 안에서는 어떤 해로운 것이 될 수 있는 것을 당신은 몰랐다. 만약, 자신이 좋은 곡식이 아니라, 독초라는 것을 안다면, 아마도 독초는 이렇게 말할 것이다. "오, 멈춰 주십시오, 내가 가뭄으로 말라 죽도록 해 주십시오. 다시 한 번 하늘로 돌아가 주십시오. 내가 무성하게 자라서 더 해로운 것이 되지 않게 내 뿌리에 물을 주지 마십시오."

우리는 확실히 우리 자신을 제대로 이해하지 못했는지 모른다. 사도의 말씀도 이해하지 못했는지 모른다. 만약, 우리가 누구인지 제대로 이해했다면 하늘로부터 오는 선물이 우리에게 해가 될 수 있음을 명심했어야 했다. 만약, 이런 상황이라면 모든 온전한 선물이 하나님께로부터 올 수 있을까? 아마도 사랑하는 독자, 당신의 생애에서도 이와 같은 일이 일어나지 않기를 바랐을 것이다. 당신의 지금의 상태는 어쩌면 선물을 받을 수 없을지도 모른다. 당신은 하나님의 완전한 선물을 받을 수 없는 독초는 아닌가?[107]

4) 완전한 선물은 회개와 감사로 받을 수 있다

가장 인간적이고 어리석은 방법으로 설명해 보자. 당신에게 최고 좋은 것을 줄 사람이 있다고 가정하자. 그는 당신이 전적으로 신뢰할만한 사람이며 정말 복된 것으로 당신에게 모든 것을 줄 수 있는 사람이다. 단, 그와 당신의 생각은 하늘과 땅 차이만큼 다를 뿐이다. 따라서 그에게 어떤 도움을 얻으려면 그를 설득해야만 한다. 그러면 아마 당신은 당신의 소원이 이루어지도록, 그에게 간절히 부탁하고 바랄 것이다. 그러나 그가 당신의 소원을 계속 거절한다면 당신은 어떻게 하겠는가? 그는 당신의 소원을 반대하고 있다.

둘 중 하나이다. 당신은 당장 설득하는 것을 포기하고, 다음과 같이 말할 수 있다. "내가 옳지 않을 수 있어. 그가 옳지 않다고 여기는 일을 한다면 지금보다 더 무시무시한 일이 벌어질지도 몰라. 내가 모르는 것을 그가 알 수 있고 나는 너무 약하기 때문이야. 나는 그의 도움을 필요로 했는데, 나 때문에 그도 똑같이 나처럼 악하게 만들 수도 있고 잘못된 길로 가게 할 수도 있어. 이러다가 그와도 신뢰가 깨질지도 모르는 일이야." 이렇게 당신은 설득하는 일을 포기할 것이다.[108]

그러나 다른 하나는 당신은 그에게 반항할 수 있다. 그는 당신의

---

[107] 키에르케고르, 『신앙의 기대』, p. 84.
[108] 키에르케고르, George Pattison, *Spiritual Writings* (New York: HarperCollins Publishers, 2010), p. 9.

소원을 들어주지 않기 때문이다. 반항심으로 그를 설득하려 할 수 있다. "왜 내 소원을 들어주지 않는 겁니까? 이유가 무엇입니까?" 이와 같이 우리는 반항심으로 하나님을 움직이려 할 수 있다. 마치 도움을 줄 수 있는 사람을 설득하듯이 우리는 반항심으로 하나님을 설득할 수도 있다. 기도가 이렇게 하나님을 설득하는 행위가 될 수도 있다. 바로 이것이 하나님을 시험하는 하는 행위이다. 그러나 하나님은 누구를 시험하거나 시험받지 않으신다.약1:13

물론 인생은 수수께끼이다. 인생이 수수께끼라는 것을 모르는 사람은 인생을 더 살아봐야 한다. 사람들은 감당하기 힘든 일들이 벌어지는 이유를 알 수 없다. 우리는 수수께끼 같은 인생을 풀 마음도 없다. 마음은 더 강퍅해진다. 겉으로 보기에는 평온해 보인다. 그들은 아마도 친절하며, 태연할 것이다. 그러나 마음 깊은 곳에서는, 그 고독의 작업장에서는 "나 그렇지 않아. 나 많이 힘들거든."이라고 말할 것이다. 그리고 모든 소원을 거절하시는 하나님이 그들을 시험한다고 생각할 것이다. 절망에 찬 기운이 당신의 영혼을 식히고, 절망의 죽음이 당신의 마음에 드리울 것이다.

이때, 당신의 마음 깊은 곳에서는 반항심이 생긴다. 속에서는 거친 음성이 미쳐 날뛴다. "내가 무엇을 잘못해서, 도대체 무슨 일 때문에 이러십니까?" 그렇게 당신의 호소는 도전적이다. 당신의 외침이 이토록 날카로운 이유가 무엇인가? 왜 당신의 기도마저 이토록 도전적인가? 당신의 고통이 너무나 크고 당신의 슬픔이 가슴을 찔러 지금 아파하며, 그래서 당신의 호소도 지극히 당연한 것으로 여긴다. 당신의 음성이 너무나 강하기 때문에 하늘까지 울려 퍼질 것이다. 당신이 보기에 세계가 어떻게 돌아가는지 거들떠보지도 않으시고, 의연하고 냉담하게 좌정하고 계시는듯한 하나님을 당신의 목소리로 불러 낼 수 있다고 생각하는가? 당신은 팔짱을 끼고 앉아 있는 듯한 하나님을 부를 수 있는가? 그러나 하나님께서는 그와 같은 망령된 이야기에는 스스로 닫으시며, 또한 "하나님께서는 악에게 시험을 받지도 않으시고, 또 시험하지도 않으십니다."약1:13라고 성서에도 쓰여 있다. 당신은 무력하다. 그리고 하나님께서는 당신의 기도에 귀를 기울이지 않을 것이다.

그러나 당신이 하나님의 강한 손아래 겸손하게 무릎 꿇고 뉘우치는 마음으로 신음하며, 가인처럼 "이 형벌은, 제가 짊어지기에 너무 무겁습니다."창4:13라고 말한다면,

그때, 하나님께서는 다시 당신에게 응답할 것이다. 가인이 이렇게 자신의 죄를 고백하며 나아 왔을 때, 하나님께서는 죄인을 처벌하지 않으시고 그에게 응답하셨다.

그때, 하나님은 예언자가 기록하듯이, 하늘 창문에서 당신을 내려다보시며 잠시 후에 말씀하실 것이다.[109] "주님께서 주님의 영을 불어넣으시면, 그들이 다시 창조됩니다. 주님께서는 땅의 모습을 다시 새롭게 하십니다."시104:30라고 고백한 시인처럼, 하나님께서는 자신의 모습을 진심으로 고백한 사람을 다시 창조하실 것이다.[110]

---

[109] 시14:2
[110] 키에르케고르, 『신앙의 기대』, p. 68.

독초가 독초로서 머물러 있다면 어떻게 하나님의 완전한 선물을 받겠는가? 어디 생각이나 하겠는가?

그때, 당신은 하나님 앞에 고백하고, "하나님께서는 아무도 유혹하지 않으십니다. 단지 내가 교만하고 거만한 반항적 생각으로 유혹되는 것과 마찬가지로, 누구나 자기 자신의 욕망에 이끌려 자극 받고 유혹되는 것"이라고 말할 것이다.약1:14

그때, 당신은 하나님이 인간을 시험하신다는 생각이 얼마나 잘못된 것인지 알게 되어 놀랄 것이다.

그때, 당신은 겸손히 부끄러워하면서, "하나님은 선하시며 유혹하지 않으시고 전능하시다"라는 것을 인정할 것이다.

그때, 당신은 인생의 수수께끼를 풀 수 없다는 것을 알게 될 것이다. 그리고 인생의 수수께끼를 풀려는 어떤 해명도 답이 없다는 것을 알게 될 것이다.[111]

이 수수께끼를 풀려하는 모든 목사와 성도에 화가 있을 것이다!

다시 한 번 생각해 보자. 도대체 선물이 무엇인가? 하늘에서 뚝딱 내려오는 좋은 어떤 무엇일까? 아니다. 우리는 이 선물이 무엇인지 모른다. 사도는 이 선물이 무엇인지 말하지 않았다. 선물은 항상 포장된 형태로 온다. 선물을 주고받을 때 아마도 선물을 포장하지 않고 주는 법은 없을 것이다. 그러므로 받는 사람은 이 선물이 무엇인지, 어떤 용도로 쓰는 것인지 알 수 없다. 때문에 선물이 자신에게 유익하다는 확신이 없으면 선물을 받을 수 없다. 만약, 이 선물에

---

111) 위의 책, p. 84.

대하여 조금의 의심이라도 싹이 터서 자신에게 해를 가할 것으로 생각되면, 혹시 폭탄이라도 들었다고 의심하면, 그는 선물 받기를 거절할 것이다. 이와 같이 의심은 너무나 교활해서 이 선물, 즉 말씀을 받기 원하는 믿는 자의 마음을 교란시킨다. 의심은 말씀에 반항하지도 않는다. 의심스러운 마음은 더욱 더 말씀에 조심스러울 뿐, 절대로 말씀을 거부하지 않는다. 의심은 다만 "온갖 좋은 은사와 선물이 하나님께로부터 온다"는 말씀이 너무 어렵고 거의 수수께끼 같다고 말할 뿐이다. 그래서 의심은 계속해서 "이 말씀은 무엇을 뜻할까? 하나님께로부터 오는 것은 모두 좋은 은사와 좋은 선물일까?"라고 질문 한다. 이 질문은 물론 단순하며 자연스럽다. 그러나 의심은 교활하게도 이 설명 속에 자신을 숨겼다. 믿는 자를 믿지 못하게 한다. 의심은 계속 믿는 자를 유혹한다. "그러므로 인간이 자신들의 삶에서 이 말씀이 주는 평안을 발견하려면, 하나님께로부터 오는 선물이 무엇인지 알아야 해. 하지만, 어떻게 그럴 수 있을까?" 의심은 끊임없이 이 선물이 무엇인지 알아야 한다고 소리친다. 또한 이 선물이 무엇인지 모르면 이 말씀은 어떤 힘도, 어떤 의도 없다고까지 말한다. 그러므로 의심이 싹 트면 말씀을 읽기는 읽지만, 이 의심은 말씀을 마음 중심에서 제거하고 그것을 입술에만 중얼거리게 한다. 참으로 슬픈 일이다. 마치 이 말씀의 사명이 인간을 당황케 하는 정도로만 보이기 때문이다. 당신의 삶에 이 말씀이 어떻게 작용하고 있는가?

사도바울은 말한다. "하나님께서 지으신 것은 모두 다 좋은 것이요, 감사하는 마음으로 받으면, 버릴 것이 하나도 없습니다."딤전 4:4 바울은 무엇을 말하려 했던 것일까? 이 말씀은 무엇보다 세상적인 지혜에 대하여 경고하기 위함이다. 감사함으로 받는 것은 이 선물이 무엇이든지, 하나님께서 믿는 자에게 결코 시험이나 위태로움 없이 주실 것이라는 확신과 믿음 가운데 모든 것을 수용하는 것을 의미한다. 감사함으로 선물을 받을 때에만 그는 의심에서 자유로울 수 있다. 여기에서 바울이 말하는 감사란, 어떤 사람이 다른 사람에게 단순히 표현할 수 있는 종류의 감사가 아니다. 앞의 구절을 보라. 거짓 증거하는 자들은 제사 율법을 지키지 않는 것을 하나님께 죄를 짓는 것으로 단정함으로써 거짓된 말씀을 가르친다.딤전4:1~3 그들은 "혼인을 금하고, 어떤 음식물을 먹지 말라"딤전4:3고 가르친다. 그러나 4절의 말씀처럼 하나님이 지으신 모든 것이 선하매 감사함으로 받는다면, 온갖 좋은 은사, 완전한 선물이라는 것은 하나님께 대한 인간의 모든 관계에서도 그대로 성립하는 것이 아닐까?[112]

나는 당신에게 인생에서 많이 배울 것을 요구하지 않는다. 오직 하나의 것, 즉 언제나 하나님께 감사하는 것만을 배우기 원하며, 그로써 하나님을 사랑하는 사람들에게 모든 것은 선을 이룬다는 것을 이해하기 원했다.롬8:28 그러나 나는 당신에게 묻겠다.

당신의 삶 가운데 닥친 현실에, 온갖 좋은 은사와 완전한 선물이 하나님께로부터 온다는 것을 듣고 의심했을 때, 당신은 참 감사를 하나님께 드렸는가? 잠깐의 기쁨이 당신을 희롱하듯 눈짓했을 때,

---

112) 키에르케고르, George Pattison, *Spiritual Writings*, p. 15.

하나님께 감사 드렸는가? 당신이 어떠한 도움도 필요하지 않을 만큼 강했을 때, 하나님께 감사 드렸는가? 당신에게 돌아오는 몫이 적었을 때, 하나님께 감사 드렸는가? 당신에게 돌아온 몫이 괴로움이었을 때, 하나님께 감사 드렸는가? 당신의 소원을 거절당했을 때, 하나님께 감사 드렸는가? 당신 자신이 자신의 소원을 거절해야만 했을 때, 하나님께 감사 드렸는가? 사람들이 당신에게 불의하게 대할 때, 하나님께 감사 드렸는가? 불의의 사고로 사랑하는 사람이 죽었을 때, 하나님께 감사 드렸는가?

나는 지금 감사함으로써 인간의 불의함이 해결될 것이라고 말하는 것이 아니다. 인간의 불의함이 불의함을 멈춘다고 말하는 것도 아니다. 감사를 올려 드려도 불의함은 여전히 존재한다. 그러나 하나님께서는 어떤 불의도 행하시는 분이 아니다. 지금 당신은 불의를 경험하고 있는가?

그렇다면 다음을 명심하라. 당신이 경험한 불의를 하나님이 하신 것으로 인정했는가? 불의에 감사함으로써, 그것을 선하고 완전한 선물로 하나님께 받았는가? 당신이 경험한 불의를 하나님의 완전한 선물로 감사할 수 있는가? 만약 당신이 그렇게 할 수 있다면, 당신은 사도의 말씀온갖 좋은 선물과 모든 완전한 은사는 하나님께로부터 온다을 하나님께 영광이 되도록 했다. 또한, 당신에게는 구원에 더욱 가까이 이를 수 있도록 훌륭하게 해석했다.113)

그러나 이런 용기를 가진 사람이 얼마나 되겠는가? 온갖 종류의

---

113) 위의 책, p. 16.

불의를 경험할 때, 신앙의 용사로서 하나님을 이런 식으로 사랑할 사람이 몇이나 되겠는가? 성경에 나오는 말씀대로, 하나님이 지으신 모든 것이 선하매 감사함으로 받으면 버릴 것이 없다.딤전4:4 그렇다고 해서 당신의 삶에 벌어지는 온갖 불의라고 생각되는 일을 감사함으로 받을 수 있겠는가? 누가 이런 상황에서 행복하게 살겠는가? 누가 이런 삶을 좋아하겠는가? 누가 이런 삶을 기뻐하겠는가?

이런 상황에서 감사하며 산다는 것은 결코 쉬운 일은 아니다. 당신은 연약한 그릇이다. 매순간, 모든 상황 속에서 감사하는 것이 어려워 보인다. 당신이 도저히 삶에서 감사할 수 없을 때, 다음을 기억해야 하라!

당신이 사랑하기도 전에 하나님이 먼저 당신을 사랑했다는 것요일4:19, 하나님은 성실하시나 당신은 불성실하다는 것딤후2:13, 하나님께서는 불타오르는 열정이 있지만 당신은 미지근한 물 같다는 것, 하나님께서는 좋은 은사를 주셨는데 그것을 당신은 자신에게 해가 되도록 써 버렸다는 것, 하나님께서는 당신에게 물으셨는데 당신은 대답하지 않았다는 것, 하나님께서는 정답게 말씀하셨는데 당신은 그것을 건성으로 들었다는 것, 하나님께서는 진지하게 말씀하셨는데 당신은 그것을 오해했다는 것, 하나님께서는 당신의 소원을 이루어주셨는데 당신은 감사 대신 새 소원을 가지고 나왔다는 것, 하나님께서는 당신의 소원을 들어 주셨는데 당신은 옳게 소원하지 않고 노하기에 성급했다는 것, 이런 것들을 고백하지 않을 수 없을 때, 당신은 이 깊은 고통에서 자신을 구출하려고 생각하지는 않았는가?

당신은 정말로 하나님과의 관계가 올바른가? 하나님과 당신의 관계를 설명하고자 아주 많은 말이 필요한가? 당신은 정말로 하나님과의 관계에 성실했는가? 당신은 고독 속에서 스스로 부끄럽다고 생각하지는 않았는가? 당신은 변명의 고통을 견디는 일에 신속했는가?[114]

만약, 지금 했던 질문에 당신이 긍정적으로 느끼고 반응했다면, 적어도 당신은 종종 하나님께 감사할 용기를 얻게 될 것이다. 온갖 좋은 선물과 모든 완전한 은사는 하나님께로부터 온다는 것을 이해하는 용기를, 그것을 사랑 안에서 설명하는 용기를, 이 용기를 확고히 붙잡는 신앙을 터득할 것이다. 왜냐하면, 이 용기 또한 참으로 좋은 선물, 완전한 은사이기 때문이다.[115]

> "온갖 좋은 선물과 모든 완전한 은사는 위에서, 곧 빛들을 지으신 아버지께로부터 내려옵니다. 아버지께는 이러저러한 변함이나 회전하는 그림자가 없으십니다."

이 말씀은 정말로 진지한 말씀이며 치유의 효과가 있다. 그런데 당신은 삶 가운데 저 말씀이 어렵다고 생각할 기회가 있었는가? 아니면 언제나 당신의 삶에 만족하고 살았는가? 항상 하나님께서 풍족하게 채워주셨는가? 누가복음에 바리새인과 세리의 기도가 나온

---

114) 위의 책, p. 17.
115) 위의 책, p. 17

다. 바리새인이 어떻게 기도하는가?

"바리새파 사람은 서서, 혼자 말로 이렇게 기도하였다. '하나님, 감사합니다. 나는, 남의 것을 빼앗는 자나, 불의한 자나, 간음하는 자와 같은 다른 사람들과 같지 않으며, 더구나 이 세리와는 같지 않습니다.'"눅18:11

그는 세리와 같지 않음을 감사하며 기도했고 다른 사람과 비교하여 자신에 만족했다. 바리새인은 선하고 완전한 것이 자신에게 있다는 것에 만족했다. 그때, 비교를 통해 들어온 감사는 완전한가?
 당신도 바리새인처럼 자신의 삶에 만족하며 하나님 앞에 감사드리는가? 아니면 세리처럼 죄인임을 고백하는가? 만약 인간이 깨지기 쉬운 그릇이며 그 안에 어떤 선함도 없다는 것을 고백한다면, 인간은 독초가 아닌가? 독초인 인간이 과연 선한 것을 받을 수 있는가? 아무리 온갖 좋은 선물과 모든 완전한 은사를 받아도 변질될 것이다.
 선한 것이 선한 것을 제외한 다른 곳에서 선할 수가 있을까? 건전한 음식은 병든 환자에게 그 건전함을 유지할 수 있을까? 물론, 이 글을 읽고 따라 왔다면 당신은 하나님께 대한 감사함에 의하여서만 모든 것이 당신에게 온갖 좋은 선물과 모든 완전한 은사가 된다는 것을 알고 있다. 그러나 당신이 하나님께 감사드린 그 사랑은 순수했는가? 바리새인이 하나님께 드린 그 감사는 순수했는가? 혹시 하나님께 받은 사랑을 변질시키지는 않았는가? 이 세상에서 인간이 사랑한다는 것, 그 이상의 것을 할 수 있을까?

그런데 인간은 어떨까? 성격도 괴팍하고, 사람들에게 거친 말을 내뱉는 자가 올바른 사랑을 할 수는 없을 것이다. 사람은 그가 가진 인격의 완성도에 따라 사람을 사랑한다. 그래서 사람들은 좋은 사람, 완전한 사람을 찾는다. 남녀가 만날 때, 서로 좋은 사람을 만나려고 얼마나 노력하는가? 상대가 얼마나 인격적으로 훌륭한지에 따라 상대에 대한 호감도 증가한다. 즉, 인간은 완전성의 비율대로 사랑한다. 인간은 인격이 완전할수록 완전한 사랑을 한다.

그러나 하나님과의 관계에서는 다르다. 하나님은 당신이 얼마나 불완전함을 깨닫느냐의 정도에 비례하여 사랑한다. 즉, 하나님은 불완전한 비율대로 사랑한다. 그렇기 때문에 오직 회개의 사랑만이 다른 어떤 사랑보다 아름답다. 왜냐하면, 세리처럼 회개의 사랑만이 하나님을 사랑할 수 있기 때문이다. 세리를 생각해 보라. 세리는 통곡하며 자신이 죄인이라는 것을 고백했다. 회개는 적어도 자신이 얼마나 불완전한 존재인지에 대한 충격적 인식이다. 하나님의 사랑은 세리처럼 자신의 불완전함을 진심으로 고백할 때 당신에게 다가올 것이다. 회개의 사랑은 다른 어떤 사랑보다 성실하며 더 내면적이다. 왜냐하면, 바리새인은 오직 자신만을 사랑하지만, 회개에서 당신을 사랑하는 것은 당신이 아니라 하나님이시기 때문이다. 회개를 통해서 당신은 모든 것을 하나님께 받는다. 심지어 당신이 드리는 감사조차도 하나님께 받는다.

예를 들어 보자. 자녀는 어버이날 부모님께 선물을 드린다. 그리고 키워주신 은혜에 감사한다. 그러나 자녀가 드린 감사의 선물도 부모의 용돈이 아니었다면 불가능했다. 즉, 자녀가 드린 감사도 엄밀하게 말하자면 부모가 준 선물이다. 부모는 자신이 먼저 준 것을 다시 돌려받은 꼴이다. 이와 마찬가지로 당신이 하나님께 드린 감사 역시 하나님께 받은 것이다. 따라서 감사함조차도 어버이 눈에는 어린이의 놀이와 같다.

당신은 언제나 하나님께 감사하려고 했지만, 사실 그 감사한다는 것마저 극히 불완전했던 것이다! 그때, 하나님이란 당신 안에서 모든 것을 행하시는 분이며, 당신의 감사가 당신이 하나님께 준 선물처럼 생각하게 함으로써 어린이와 같은 기쁨을 당신에게 주시는 분이심을 당신은 이해했다. 당신이 회개의 아픔을 두려워하지 않았기 때문에, '우리가 하나님을 사랑한 것이 아니라 하나님이 우리를 사랑하셨음'에 사랑이 있다는 것을 당신이 이해하기를 두려워하지 않았기 때문에, 하나님께서는 이 기쁨을 당신에게 선물로 주신다.

5) 지식이 세상에 들어와 사람을 슬프게 한다

오직 믿음으로 구하고 조금도 의심하지 말라약1:6

지식이 세상에 들어오지 못하도록, 지식이 슬픔을 가져 오지 못하도록, 하나님께서 인간이 먹지 못하도록 금한 것은 단지 선과 악을 구별할 지식의 나무였을 뿐이다. 상실의 고통에 대한 지식, 소유의 의심스러운 기쁨에 대한 지식, 분리의 공포에 대한 지식, 분리의 곤경difficulty에 대한 지식, 반성의 동요restlessness에 대한 지식과 반성의 우려worry에 대한 지식, 선택의 필요에 대한 지식과 선택의 결정성에 대한 지식, 법의 심판과 법의 정죄에 대한 지식, 잃어버림being lost의 가능성과 잃어버림에 대한 불안의 지식, 죽음의 고통과 죽음의 예상에 대한 지식 등이 지식의 나무가 가져온 것들이다. 이 금지를 지켰다면, 모든 것은 보기에 심히 좋았다고 말씀한 대로 있었을 텐데. 하나님 자신이 창조의 증인으로 있었을 텐데.116)

그러나 선과 악에 어떤 차이는 없었는가? 이 차이는 확실히 지식의 나무 열매이다. 선과 악의 차이는 지식의 나무 열매를 따먹음으로 인간의 마음 속에 들어온 지식이다. 이 열매를 따먹지 않았다면 아담은 자신 속에, 동산 속에 자신을 숨길 필요가 없었다. 에덴동산에서 하나님은 아담의 안부를 물을 필요도 없었다. 왜냐하면, 모든 것은 밝히 드러나 있었고 하나님은 모든 곳에 눈에 띄지 않게 현존하고 있었을지라도, 숨겨진 단 하나의 것은 오직 하나님 한 분이었기 때문이다. 아담은 사실 이 모든 것이 어디에서 왔는지 물을 시간조차 없었다. 왜냐하면, 매 순간마다 모든 것은 새롭게 공급되었기 때문이다. 선물은 받는 자의 마음 속에 주는 자에 대한 질문이 생기지 않도록 공급되었다.117)

그때, 인간은 지식의 금지된 과일을 따 먹음으로써 평화를 깼다.

---

116) 키에르케고르, George Pattison, *Spiritual Writings*, p. 23.
117) 위의 책, p. 24.

인간들은 속임 당했다.^야고보서1:16 그리고 지식은 인간들을 훨씬 더 속였다. 뱀이 하와를 속였기^창3:13 때문이며, 그래서 지식은 속임을 통해서, 속임으로서 세상에 들어왔다. 인간이 기뻐했던 지식의 열매는 그들 안에 지식의 나무를 심었다. 그들이 충분히 바랄만한 좋은 열매를 품은 나무였다. 지식의 열매는 항상 탐낼 만했고^desirable 보기에 좋았다. 그러나 그 열매를 즐겼을 때, 그의 길에서 사람이 이마에 땀방울 맺히도록 일 해야 했고, 가시와 엉겅퀴를 심으면서 고통을 겪어야 했다. 시대의 시작점에서 일어났던 것은 항상 각 개인과 각 세대에 반복된다. 그러나 지식의 열매는 보기에 좋고 탐스럽다. 하나님의 경고 소리가 속임을 당한 첫 인간을 구원할 수 없다면, 인간의 목소리는 무엇을 할 수 있는가?

　에덴의 문은 잠겼다. 모든 것이 변했다. 인간은 자신들을 두려워하게 되었고 세계를 두려워하게 되었다. 인간들은 근심스러운 마음으로 무엇이 선인지, 완전함을 어디서 찾을지 선과 완전함의 근원이 무엇인지, 그것들이 어디에 존재하는지에 대하여 질문했다. 지식은 의심을 가져왔고 의심은 인간의 마음을 둘러쌌다. 뱀은 의심을 탐스럽게 하여 인간들을 유혹했다. 그리고 의심은 제안했다. '그들이 어디에서 왔는지 알지 못한다면 어떻게 선함과 완전함에 대하여 알 수 있는가? 그러나 선함과 완전함이 무엇인지 모른다면 영원한 원천은 어떻게 알 수 있는가?' 의심은 이런 저런 방법으로 설명을 제공한다. 설명은 모든 것을 훨씬 더 불확실하게 함으로써 인간

들을 유혹한다.[118]

태초에 발생했던 것은 각 세대와 개인들에게 지속적으로 반복된다. 그리고 지식의 열매의 영향은 멈추지 않는다. 지식 때문에, 의심은 인간의 내면으로 흘러 들어왔고 인간을 안내해야만 했던 지식은 궁핍과 모순 속에 의심을 꽉 붙들어 맸다. 그래서 사람은 삶에서 온갖 종류의 가난과 궁핍과 모순을 경험할 때마다 완전한 선물에 대한 하나님의 말씀을 의심하기 시작했다.

그러나 어느 순간부터 영혼을 죽음으로 이끈 지식이 축복으로 간주되기 시작했다. 물론 세상에는 유용한 많은 지식이 있고, 이러한 지식으로 세상은 기술을 축적해 과학 문명을 발전시켰다. 인간이 만든 과학 문명과 기술의 발전만 보면 인간은 "만물의 영장"이라는 말이 딱 맞다. 세상의 어떤 동물도 인간을 능가할 수 없다. 인간은 자신이 가진 지식으로 세상의 정복자, 지배자가 되었다. 그러나 그런 세상의 정복자로서 나타난 인간이 모든 것을 정복했을지라도, 정작 자기 자신을 극복하지 못한다면 참된 정복자일까? 나폴레옹이 천하를 호령했어도 자신을 이기지 못했다면 그는 참된 정복자일까? 인간 기술의 외적 화려함만 보면 인간의 지식은 대단한 것처럼 보이지만, 정작 현대인의 내면은 다 썩어간다. 인간 영혼의 문제는 기술로는 다루지 못하는 것 같다. 화려한 정신과학의 기술로도 증가하는 자살문제는 막지 못했다. 인간이 가져온 지식이 정작 자신의 근본적 문제는 치유하지 못했다.

---

[118] 위의 책, p. 25.

마태복음에 귀신들려 눈멀고 벙어리 된 자를 예수님께서 고쳐 주시는 장면이 나온다. 마12:22~37 무리가 기적을 보고 놀라서 다윗의 자손이 아니냐고 말할 때, 바리새인은 '귀신의 두목 바알세불의 힘을 빌지 않고서는, 귀신을 쫓아내지 못할 것이다'고 말한다. 예수님께서는 이때 다음과 같이 말씀 하신다.

> 예수께서 그들의 생각을 아시고, 이렇게 말씀하셨다. "어느 나라든지 서로 갈라지면 망하고, 어느 도시나 가정도 서로 갈라지면 버티지 못한다. 사탄이 사탄을 쫓아내면, 스스로 갈라진 것이다. 그러면 그 나라가 어떻게 서 있겠느냐? 내가 바알세불의 힘을 빌어서 귀신을 쫓아낸다고 하면, 너희의 아들들은 누구의 힘으로 귀신을 쫓아낸다는 말이냐? 그러므로 그들이야말로 너희의 재판관이 될 것이다. 그러나 내가 하나님의 영을 힘입어서 귀신을 쫓아내는 것이면, 하나님의 나라는 너희에게 왔다. 사람이 먼저 힘 센 사람을 묶어 놓지 않고서, 어떻게 그 사람의 집에 들어가서 세간을 털어 갈 수 있느냐? 묶어 놓은 뒤에야, 그 집을 털어 갈 수 있다." 마12:25~28

예수님이 말씀하신 것처럼, 어떻게 사단이 자신의 힘으로 사단을 쫓아내겠는가? 그러면 스스로 혼란에 빠지지 않겠는가? 사단은 의심을 일으키는 자이다. 에덴동산의 뱀도 역시 마찬가지 역할을 하였다. 본문 말씀을 적용시켜 해석한다면, 어떻게 의심이 의심을 내쫓을 수 있겠는가? 의심이 의심을 내쫓으려 한다면 그 혼란은 더 커지지 않겠는가?

의심은 강한 자인가? 이 말씀처럼 힘센 사람의 집에 의기양양하여 들어간 자가 새로운 의심인가? 의심은 같은 무기를 사용하여 자신을 무장해제시킬 수 있는가? 이때, 의심은 속삭인다. '네가 왜 고통당하는지 하나님께 여쭈어봐. 그러면 확실히 그 이유를 알 수 있을 거야.' 의심은 우리의 삶에 들어와 마치 참된 지식을 제공하는 것처럼 속삭인다. 이때 미스터 의심씨는 자신이 늘 그래왔던 것처럼, 자신의 무기로 의심을 무장해제 시킬 수 있을까? 그러면 그것은 의심이 더 강해진다는 의미 아닌가? 이렇게 끊임없는 의심을 통해서 자신과 싸우는 사람이 이전의 자신보다 더 강해질 수 있을까? 그러나 더러운 귀신이 사람에게서 스스로 나갔을 때, 그는 결국 어떻게 됐는가?[마12:43~45]그 사람의 마지막은 처음보다 더 나빠져서 일곱 귀신이 들어오지 않았는가? 따라서 의심을 결박하려면 의심으로는 불가능하다. 우리는 전혀 다른 도구로 의심을 결박해야 한다. 예수님께서 성령을 힘입어 귀신을 쫓아내는 것이면 하나님나라가 이미 임하였다고 말씀하신 것처럼,[마12:28] 우리는 성령의 도움을 힘입어 강한 자였던 의심을 결박할 수 있다.

6) 창조의 선물

의심을 멈추기 위해서는 무엇이 필요할까? 증거 혹은 사실들이 있어야 한다. 그러나 어떤 증거도 공급될 수 없다면, 그것은 의심이 중단될 수 없음을 의미할까? 결코 그렇지 않다. 병든 환자가 원하는 좋은 약을 잘 관리한다고 해서 병을 멈출 수 없듯이, 의심이 원하는 증거를 공급한다고 해서 의심을 멈출 수는 없다. 반면, 당신이 확신을 얻기 원한다면, 완전한 것이 당신에게 올 때에, 의심에 대하여 죽어야 한다. 믿음의 말씀은 자신의 무기로 의심과 싸우지 않는다. 힘 센 사람이 결박당했을 때에만 그에게서 무기를 빼앗을 수 있다. 어떻게 의심을 물리치고 완전한 선물을 받을 수 있는지 사도의 조언을 따라가 보자.

첫째, 사도는 어두움의 베일veil을 거두어 내고, 회전하는 그림자를 치우고, 변화 가능성이 있는 것을 물리치고, 믿는 자의 시야를 하늘로 향하게 한다. 위엣 것을 추구하기 위함이다. 골3:1~2 모든 의심을 넘어선 위엣 것은 영원한 영광으로 자신을 계시해야 한다. 즉, 위에서 오는 것, 빛들의 아버지의 명확성은 어떤 그림자에 의해서도 절대 영향 받는 일 없으며, 어떤 변조alteration도 그분을 바꿀 수 없으며, 어떤 부러움도 그분을 어둡게 하지 못하고, 어떤 구름도 믿는 자의 눈에서 그분을 제거할 수 없다. 만약, 이것이 확고히 서 있지 않다면 만약, 당신이 거짓 친구인 미스터 의심씨에게 이 지식을 찾는다면, 그때 모든 것은 당신에게 그림자가 될 것이며, 변화들로 당신을 혼동시키고, 밤안개의 침울함을 가져올 것이며, 마치 당신이 아무것도 가지지 못했던 것처럼, 모든 것을 앗아갈 것이다! 그러므로 사도가 말한다, "온갖 좋은 선물과 모든 완전한 은사는 위에서, 곧 빛들을 지으신 아버지께로부터 내려옵니다. 아버지께는 이러저러한 변함이나 회전하는 그림자가 없으십니다."

둘째, 사도는 선하고 완전한 선물을 받기 위해 가능한 조건을 설명하고자 신앙인에게 돌아 선다. 하나님께서는 홀로 선물 받을 조건을 공급해 왔다. 다음을 생각해 보자. 완전하지 않은 자가 어떻게 완전한 선물을 받을 수 있는가? 이것은 독초에게 이른 비와 늦은 비가 완전한 선물이 될 수 없는 것과 같다. 그러므로 완전한 선물을 받을 조건은 완전성이다. 신앙인이 완전하지 않다면 완전한 선물은 받을 수 없다. 완전하지 않다면 선善, The Good이 아니다. 지상의 필요들은 완전한 것이 아니라 오히려 불완전한 것이다. 그러므로 인간이 이러한 필요를 완전히 만족시킬 어떤 것이 주어진다면, 그 선물은 여전히 불완전할 것이다. 왜냐하면, 그 필요 자체가 불완전하기 때문이다.[119]

그러나 하나님께로부터 온 선하고 완전한 선물에 대한 갈증[120]은 완전성perfection이다. 만약, 신앙인이 이 갈증을 느낀다면, 그래서 완전한 선물을 바라고 있다면, 갈증은 그 자체로 선하고 완전한 선물이다. 왜냐하면, 그 갈증이 완전하기 때문이다. 그렇지만, 한 신앙인이 이 갈증이 일깨워지기 전에, 우선 철저한 전복shake-up, 개혁이 있어야만 한다. 철저하게 깨어져야 한다. 의심이 시동 걸어 놓은 모든 정신없는 생각들숙고, considerations은 이 완전한 전복을 발생시키는 데 예비적 시도였을 뿐이다. 그러나 의심이 만들어놓은 생각들은 아무리 오래 지속될지라도, 당신은 그것을 멈출 수 없다. 야고보서를 보라. "그는 뜻을 정하셔서 진리의 말씀으로 우리를 낳아주셨습

---

[119] 키에르케고르, George Pattison, *Spiritual Writings*, p. 35.
[120] 영어로는 need로 번역되어 있고, 표재명 교수는 욕구로 번역하고 있으나, 나는 이것을 일종의 욕망으로 본다.

니다. 그리하여 그는 우리를 피조물 가운데 첫 열매가 되게 하셨습니다." 약1:18각 개인은 사도가 창조의 첫 열매약1:18라고 부르는 것이 되기 전에, 그런 생각들은 제거될 필요가 있고 제거되어야 한다. 즉, 의심이 만들어 놓은 생각들과 단절되는 것이 창조의 첫 열매가 되기 위한 조건이다.

창조의 첫 열매는 하나님이 태초에 아담을 창조했던 것과는 다르다. 창조의 첫 열매는 최후에 창조되었다. 그렇기 때문에 창조의 첫 열매는 새로운 시작이며, 의심의 항구적 노력에 의해서 획득될 수 없다. 의심의 노력은 의심으로 시작된 태초the kind of beginning를 설립할 수 있었다. 그러나 이것은 가인이 세운 문화가 첫 번째 창조의 열매에 도달할 수 없는 것처럼 불가능하다. 의심은 인간이 예측했던 모든 것들을 과거로 돌려놓고 과거를 추적한다. 의심은 멈출 수 없다. 그러므로 의심은 자신의 태초도 찾을 수 없을 만큼 끝도 없는 과거로 돌아간다. 그때, 인간은 옛 질서에서 마지막이 되어 의심하고 있다. 최후의 인간이다. 그러나 지금 첫 번째 창조의 열매인 인간은 최초이며 하나님과 인간 사이에 아무 것도 없다. 이제, 인간은 스스로 줄 수 없는 조건을 소유하고 있다. 즉, 이것은 하나님께로부터 온 선물이다. 뿐만 아니라, 이것은 선물을 받을 수 있는 조건이다. 이 조건이 없다면 선물은 불가능하다. 말이 조금 어렵지만, 선물을 받을 수 있는 조건이 선물이다. 이것은 사도가 하나님이 진리의 말씀으로 우리를 낳으셨다고 말한 이유이다. 하나님은 홀로 그 일을 하셨다. 그러나 진리의 말씀에 의해 난 자들은 진리의 말씀에

이르도록 태어난다. 이 조건은 하나님의 선물이며, 선하고 완전한 선물을 받도록 하는 완전성이다.[121]

불완전한 인간이 어떻게 완전한 선물을 받을 수 있는가? 하나님께서는 완전한 선물을 인간 안에 잉태하려고 예수 그리스도를 보내셨다. 우리는 이것을 이해하고자 선물에 대하여 다시 한 번 생각해 볼 필요가 있다. 선물은 오직 "줌"만 있다고 말했다. 선물은 "받음"을 생각하지 않는다. 그러나 만일 누군가가 선물을 주고 나서 받아야 할 것을 고려한다면 그것은 완전한 선물일 수 없다. 뇌물은 돌아올 것을 기대한다. 세상의 경제에서는 거래의 그물망을 갖고 있다. 거기에서는 교환과 계산이 이루어진다. 그러나 선물의 도래는 거래, 교환, 계산의 경제 질서를 해체한다.[122]

선물은 일방적 "줌"만 있을 뿐이다. 받는 자는 의심 없이 이 선물을 받아야 한다. 그렇다면 당신이 선물을 줄 때, 돌아올 것을 기대하지는 않았는가? 선물을 주었을 때, 당신은 마음이 기뻤는가? 혹시 선물을 주었을 때 보람을 느꼈는가? 만약, 당신이 선물을 주고 기뻤거나 보람을 느꼈다면 당신은 기쁨, 보람이라는 보상을 이미 받았다. 혹은, 당신은 감사를 요구하지는 않았는가? 당신에게 완전한 선물은 가능한가? 완전한 선물은 상대가 가장 필요로 하는 것을 아무 값없이, 기쁨이나 보람으로도 받는 것 없이, 가장 소중한 것을 주는 것! 당신의 가장 소중한 것은 무엇인가? 당신이 가진 것 중에

---

[121] 키에르케고르, George Pattison, *Spiritual Writings*, p. 36.
[122] Kevin J. Vanhoozer, *Postmodern Theology* (New York: Cambridge University Press, 2007), p. 17..

최고의 것은 무엇인가? 그것은 목숨이다. 당신은 자신의 목숨을 아무런 대가 없이, 심지어 기쁨이나 보람도 없이, 상대를 위해 거저 줄 수 있는가? 즉, 죽음의 선물은 완전한 선물이다.

하나님께서는 예수 그리스도를 선물로 이 땅에 보내셨다. 그는 아무 값도 없이 이 세상에서 죽음을 맞이했다. 어떤 대가도 바라지 않았다. "우리가 아직 약할 때에, 그리스도께서는 제 때에, 경건하지 않은 사람을 위하여 죽으셨습니다. 의인을 위해서라도 죽을 사람은 거의 없습니다. 더욱이 선한 사람을 위해서라도 감히 죽을 사람은 드뭅니다. 그러나 우리가 아직 죄인이었을 때에, 그리스도께서 우리를 위하여 죽으셨습니다. 이리하여 하나님께서는 우리들에 대한 자기의 사랑을 실증하셨습니다."롬5:6~8 로마서 말씀대로 의인을 위하여 죽을 사람도 있을 것이다. 그러나 연쇄살인을 저지른 죄인을 대신해서 죽겠다는 사람이 있다면 세상은 아마 그를 미쳤다고 할 것이다. 예수 그리스도는 아무 값도 없이 목숨도 아끼지 않고 죄인을 위해 죽으심으로써 선물이 되셨다.

사도는 말한다, "그는 뜻을 정하셔서 진리의 말씀으로 우리를 낳아 주셨다."약1:18 당신은 이것을 또한 의심할 어떤 것으로 만들기 원하는가? 예수 그리스도께서는 십자가에 죽으심과 부활하심으로 당신을 낳으셨다. 가시면류관을 쓰는 대신 생명의 면류관을 허락하셨다. 그런데 당신이 의심 한다면, 항상 그랬듯이, 의심은 당신에게서 일체의 것을 앗아감으로써 다른 무엇인가를 준다. 의심은 조건을 허용하지 않는다. 예수 그리스도는 선물을 받을 수 있는 조건이 되신다. 그리고 의심은 완전성을 빼앗아 가고 당신이 완전한 선물을 받을 가능성을 앗아갈 것이다. 그때, 당신 안에 하나님에 대한 갈망이 절실한 것이 아니라면, 그러므로 당신이 그의 선하고 완전한 선물이 필요치 않을 때, 그것은 불완전한 것이 되지 않겠는가? 당신은 정말로 삶 속에서 하나님이 필요한가?

선물을 받을 수 있는 조건이 완전성이기 때문에, 완전한 조건에 유지되고 나누어지지 않는 것이 중요하다. 아니면, 그것은 미봉책을 생산하거나, 부패되는 방식으로 나누어진다. 믿음의 눈은 하늘의 것을 향하여 갈망하기 때문에 절대 흔들릴 수 없다. 그러나 사도는 그럼에도, 개인으로 하여금 의심하도록 부추기고 있다. 그렇지만, 올바른 방법으로 의심하도록 한다. 그것은 영원한 빛에서 확고부동한 것을 의심하는 것이 아니라, 본질적으로 일시적이고 점점 더 사라지는 것들을 의심하는 것이다. 즉, 자신을 의심하고 자신의 힘과 능력을 의심한다. 당신은 자신을 믿어서는 안 된다. 그러므로 당신은 자신만 의심하도록 허용된다. 우리는 이것을 다음 문구로 설명할 수 있다.

잘못된 의심은 자신을 제외한 모든 것을 의심한다. 그러나 구원하는 의심은 믿음의 도움으로 오직 자신만을 의심한다.[123]

그러므로 사도는 창조의 첫 열매로서 개인을 보존하고 강화하도

---

123) 키에르케고르, *Spiritual Writings*, p. 37.

록 도우려고 다음에 나오는 훈계를 덧붙인다. "누구든지 듣기는 빨리 하고"약1:19 우리가 빨리 들어야 할 것은 무엇인가? 의심의 긴 연설이나, 인간의 의견이나, 어떤 사람이 마음속으로 상상하는 것인가? 아! 그러나 세상에서 그들이 무엇을 성취했든 간에, 그들이 무엇이 되었든 간에, 그런 것들을 빨리 듣는 사람은 이어지는 사도의 권고를 행하기는 힘들다. "말하기는 더디 하고" 즉 계속될 것을 들으라는 말이다. 성급한 것은 성급한 것을 불러 올 뿐이다. 그러므로 계속 들으려면 우리는 말하기를 더디 해야 한다. 그러나 세상에서 나오는 많은 소리는 듣기는 빨리 하여도 말하기를 더디 하기는 힘들다. 왜냐하면, 그들이 빨리 듣는 이유는 더 많은 말을 하기 위해서이다. 즉 그들에게 필요한 정당성을 확보하고자 빨리 들을 뿐이다.

그러나 예수님께서 말씀을 선포했을 때, 바리새인과 서기관들은 자신의 길로 갔고 군중은 뿔뿔이 흩어졌으며 침묵이 찾아 왔다. 하나님의 말씀이 전 시대에 선포되었던 대로 오늘날에도 말씀 듣기를 빨리 하는 사람은 또한 말하기를 더디 한다. 들은 것은 말로는 표현 못할 수 없을 만큼 만족스럽고, 들음의 욕구를 훨씬 더 증폭시키기 때문이다. 그래서 그들은 훨씬 더 더디 말하게 된다. 그렇다면 우리는 무엇을 말할 수 있는가? "속히 말씀 하소서, 주여! 내가 속히, 속히 듣겠나이다!" 이것이 말할 수 있는 전부이다.

그러므로 우리가 듣기를 빨리 할 때, 우리는 다음 훈계 듣기도 빨리 하게 된다. "노하기도 더디 하십시오. 노하는 사람은 하나님의 의를 이루지 못하기 때문입니다."약1:19~20 우선 분노는 하나님과 관계에서 의롭지 못한 것을 생산한다. 왜냐하면, 분노는 사람들이 훈계 받을 때, 듣기를 더디게 하기 때문이다. 누군가 화났다고 생각해 보자. 화가 난 사람은 다른 사람 이야기를 잘 듣지 않는다. 그는 자신의 감정을 통제할 수 없어 많은 말을 하지만, 자신이 하는 말이 상대에게 얼마나 상처가 되는지도 모른다. 누군가가 화내기를 속히 하지 아니할지라도, 분노는 그들 안에 남아 있을 수 있으며 하나님과 관련해서 의롭지 않은 것을 생산할 수 있다. 분노는 확실히 믿음의 도움으로 우리가 죽어야만 하는 것들을 생산한다.

> 그러므로 당신이 분노로 세상을 이길지라도, 당신은 자신과의 싸움에서 패배한 것이며 분노로 영혼이 상처 입게 된다.[124]

그러나 듣기를 빨리 하고 대답하는 데에 흥분하지 않는 자는 또한 화내기를 느리게 한다. 그들은 해가 지도록 노여움을 품지 않는다.엡4:26 그들은 더 이상 빛의 아버지를 볼 수 없게 만드는 분노에 찌든 어두움을 훨씬 더 두려워한다. 빛의 아버지는 분노의 그림자에 의해 가려진다. 사람의 분노는 절대로 하나님의 의를 이루지 못한다약1:20.

"그러므로 더러움과 넘치는 악을 모두 버리고."약1:21 인간은 진실로 연약한 그릇에 완전한 것을 담고 있다. 연약한 그릇은 사람들이

---

[124] 키에르케고르, *Spiritual Writings*, p. 38.

완전한 것을 담기 힘들게 한다. 완전한 것은 잘못된 이익을 추구하는 자들에게 유지될 수 없다. 그들은 탐욕으로 불타오르며, 더러운 것과 교제한다. 축복이 생산하는 것은 축복이듯, 악이 생산하는 것은 저주이다.

"온유한 마음으로 여러분 속에 심어주신 말씀을 받아들여야 합니다."약1:21 듣기를 빨리 하고 말하기를 더디 하는 사람은 성급함에 놀라지도 않을뿐더러 결코 하나님나라를 무력으로 차지하지도 않는다. 대신에 그들은 천국의 것을 배우고 붙잡는다. 왜냐하면, 온유함은 숨겨진 것들을 발견하게 하기 때문이다.[125] 분노의 반대편에 서 있는 것이 온유이다. 온유한 자는 분노하지 않는다. 온유함은 자신에게 주어지지 않은 것을 가질 수 없다는 것을 안다. 선한 것the Good은 온유함이 기다리는 선물이다. 그리고 온유함은 하나님이 모든 선하고 완전한 선물을 주신다고 확신한다. 이 확신 속에서 온유함은 감사하는 마음으로 기도하면서, 깨어 있다.골4:2

그때 온유한 자들은 "심겨진 것"을 받는다. 온유한 자는 심겨지지 않은 어떤 것도 받을 수 없다는 것을 안다. "심겨진 것"은 그들이 그것을 받기도 전에 거기에 존재했다. 이것은 예수 그리스도의 십자가 선물로 말미암아 심겨진 것이다. 심겨진 것은 당신이 그것을 받을 때에 당신의 영혼을 구원할 권세를 갖고 있었다. 이것은 당신이 받은 선하고 완전한 선물이다. 그 자체로 완전함인 필요를 만족시

---

[125] 「집회서」 4:21의 내용이라고 말하지만 우리 말 공동 번역본에서는 찾을 수 없다. 「시라크」 혹은 「벤시라의 지혜서」로 불리기도 한다.

켜주는 선물이다.

당신이 이 선물을 의심 없이 믿음으로 받을 때, 당신 안에 심겨진 진리의 씨앗은 당신 안에 싹트기 시작한다. "하나님에게서 난 사람은 누구나 죄를 짓지 않습니다. 하나님의 씨가 그 사람 속에 있기 때문입니다. 그는 죄를 지을 수 없습니다. 그가 하나님에게서 났기 때문입니다."요일3:9 예수 그리스도를 믿는 자마다 하나님께 난 자이다. 하나님께서 사랑으로 낳은 진리의 첫 열매인 당신은 이 믿음으로 세상을 이길 힘을 얻을 것이다.요일5:4 또한 예수 그리스도를 선물로 주신 하나님께서 당신 안에 성령님이 행하시도록 하실 것이다. 이 사랑의 선물을 받은 자는 평생토록 갚을 수 없는 빚을 지고 살아간다. 영원한 빚 가운데 걸어간다. 우리가 어떠한 빚을 진 자인지를 조금만 알았더라도 우리는 세상을 향한 어떤 분노나 하나님을 향한 분노를 가질 수 없음을 고백할 것이다.

사도 바울은 "서로 사랑하는 것 외에는, 아무에게도 빚을 지지 마십시오. 남을 사랑하는 사람은 율법을 다 이룬 것입니다."롬13:8라고 말한다. 사랑의 빚은 져야 한다. 만약, 누군가 빚을 지려고 노력한다면 어떤 일이 벌어질까? 로마서 13장은 이렇게 말한다. "여러분은 모든 사람에게 의무를 다하십시오. 조세를 바쳐야 할 이에게는 조세를 바치고, 관세를 바쳐야 할 이에게는 관세를 바치고, 두려워해야 할 이는 두려워하고, 존경해야 할 이는 존경하십시오."롬13:7 이 구절은 빚진 것을 갚아야 함을 말한다. 그런데 누군가 빚을 지려 노력한다면 정신 나간 사람 아니겠는가? 그러나 성경은 사랑의 빚은

지라고 한다. 빚지려고 노력하는 것이 사랑의 과업이라면 이것은 얼마나 말이 안 되는가? 세상에서는 빚을 갚는 것은 빠르면 빠를수록 좋다. 그러나 사랑의 빚을 지는 문제에서는 절대로 빚을 갚으면 안 되니 세상의 방식은 아니다.

  부모와 자녀관계를 생각해 보라! 누가 사랑의 빚을 지고 있는가? 부모는 자녀를 사랑하여 자녀가 출가할 때까지 자녀를 보호하며 필요를 공급한다. 그렇다면, 사랑의 빚은 자녀가 지는 것이고 자녀는 부모에게 그 빚을 갚아야 한다. 그러나 이 역시 오늘 당신에게 말하려는 사랑이 아니다. 그렇다면 사고 실험을 해보자.

  어떤 애인이 사랑하는 상대방을 위해서 어떤 일, 즉 고상하고 희생적인 일을 하였다. 그래서 사람들은 "이것이야말로 인간이 남에게 할 수 있는 최고의 일이다."라고 말하지 않을 수 없었다. 그러나 만일, 그 사람이, "자, 이제 나는 나의 빚을 갚았다"고 부연하였다고 하자. 그렇다면 그것은 매정하고 냉혹하고 듣기에 거북한 말이 아닐까? 이 말은 진실한 사랑의 사건에서는 결코 듣고 싶지 않은 이야기는 아닐까? 그러나 만일, 애인이 이런 고상하고 희생적인 일을 하고서도, "내게 소원이 하나 더 있소, 계속해서 빚을 지고 있게 하여 주시오."하고 부연하였다면, 이것이야말로 사랑의 말이 아닐까? 혹은, 그 애인이 온갖 희생을 다하여 사랑하는 상대방의 소원을 들어 주고, "이제 이렇게 해서 빚의 일부를 갚게 된 것을 기쁘게 생각하지만, 나로서는 언제까지나 빚 속에 머물러 있고 싶을 따름이오."라고 말했다면 이것이야말로 진정한 사랑이 아닐까? 혹은, 그가 비록

한 순간일망정 자신의 희생의 빚을 갚은 일로 보지나 않을까 걱정이 되어서 그것을 피하기 위해 자신의 희생적인 행동을 절대로 누설하지 않고 끝내 침묵을 지켰다면, 이것이야말로 진정한 사랑의 사고방식이 아닐까?[126]

오늘 우리가 이야기 하는 빚은 사랑하는 사람이 져야 하는 영원한 빚, 갚을 수 없는 빚에 대한 이야기이다. 우리는 예수 그리스도를 믿음으로 갚을 수 없는 선물을 받았다. 그리고 진리의 씨앗이 우리 안에 심겨졌다. 우리의 남은 삶은 이 씨앗이 자라도록 하는 것이다. 영원한 빚, 갚을 수 없는 사랑의 빚 가운데 당신의 것, 우리의 것을 주장할 수 없도록, 당신은 영원한 빚 가운데 진리의 씨앗을 키운다. 하나님께서는 그동안 고통스러웠던 당신의 삶, 당신의 인생을 택하시고 그 삶 가운데 이미 이 씨앗을 뿌렸다. 이 씨는 옮겨 심을 수 없다. 당신은 이 씨를 옮길 권한이 없다. 하나님께서 창조의 첫 열매를 위하여 당신 안에 뿌린 씨이기 때문이다. 하나님께서는 이 진리를 당신 속에서 싹 틔우기 원하시며 당신을 통해 이 진리가 자라기 원하신다. 당신의 삶에서 이루어지는 이 창조는 믿음의 삶의 본질이며 하나님의 형상을 닮기까지 지속되어야 한다. 또한 하나님께서는 당신 안에서 진리가 자라 싹 틔우도록 성령님을 선물로 주셨다. 따라서 이 과업은 당신 혼자 감당하는 것이 아니다. 하나님께서 당신의 삶에 새 창조를 시작하고자 이미 이 모든 것을 선물로 주셨다. 그러니 이제 앞으로 나아가라! 전진하라! 새 창조의 역사를 쓰라. 당

---

[126] 키에르케고르, 『사랑의 역사』, p. 312.

신의 삶 속에서 하나님의 형상을 닮기까지 전진하라! 사랑의 빚, 갚을 수 없는 빚을 지고 가라. 이따금 힘들 때면 예수 그리스도의 십자가를 생각하라!

결론

사람은 어려움에 처할 때 어떤 태도를 취하는지를 통해서 그 사람 됨됨이를 알 수 있다. 많은 사람들은 삶에 벌어지는 일들에 대해서 질문을 던진다. 알 수 없는 고통과 불행이 닥쳐올 때 믿는 자는 하나님께서 주신 상황을 의심한다. 그리고 무슨 수단을 써서라도 고통스러운 상황에서 벗어나려고 한다. 그러나 고통스러운 상황을 벗어나려고 애를 쓰면 쓸수록 더욱더 삶의 무게감은 커져만 간다. 왜냐하면, 절대로 그의 처지에서 벗어날 수 없기 때문이다. 이런 상황 속에서 우리가 해야 할 일은 상황을 벗어나는 것이 아니라, 이 상황을 하나님이 허락하셨다는 것을 인정하는 것이다. 그러면 이 삶에 대해서 받아들일 마음의 여유를 하나님께서 주신다. 바로 이때 우리는 삶에서 무엇을 기대할 수 있는가를 질문하지 않는다. 삶이 우리에게 무엇을 할 수 있는지를 질문한다.[127] 삶은 끊임없이, 매 순간 우리에게 질문을 던진다. 우리는 질문을 하는 것이 아니라 질문을 받는 처지이다. 우리는 대답해야 한다! 산다는 것은 질문을 받는 것이다. 항상 새로운 질문이 우리를 기다린다. 그러면 질문은 누

---

[127] Viktor E. Frankl, 『삶의 물음에 "예"라고 대답하라』 남기호 역 (서울: 산해, 2009), p. 35.

가 하는가? 삶의 질문 역시 하나님이 하셨다는 것을 인정해야만 한다.

지금 우리가 처한 현실이 우리를 향해서 끊임없이 새로운 질문을 던진다. 문제는 삶의 질문은 말로 대답할 수 없다는 것이다. 구체적인 삶의 물음에 행동으로 또는 창조하는 작품으로써 답할 뿐이다.[128] 아무도 삶이 걸어오는 질문에 대하여 대신 대답 하거나 도와줄 수 없다. 왜냐하면, 우리 모두는 각자 처한 상황 속에서 각자의 길을 가야 하기 때문이다. 그 삶은 좋든 싫든 간에 하나님께서 지금 당신에게 주신 의무이며 선물이다. 다시는 돌아 올 수 없는 유일무이한 삶이다. 그런데 힘들고 고통스럽다는 이유만으로 그 삶을 회피하려고만 한다면 삶이 물어오는 질문에 대답할 수 없다. 믿는 자는 고통의 과정 가운데 어렵게 대답하지 않는다. 믿는 자의 대답은 갚을 수 없는 사랑의 빚 가운데 생기기 때문이다. 우리에게 생기는 삶의 의무감은 양심이나 도덕적 책무에서 오는 것이 아니다. 예수 그리스도의 사랑의 은혜로 생겨난 영원한 사랑의 빚 가운데 이 의무가 온다. 이 사랑을 받아들이고 믿음으로 이 길을 가기로 결정하는 신앙인들에게 하나님께서는 말할 수 없는 삶의 기쁨을 선물로 주신다. 이 행복은 노력해서 달성되는 것이 아니다. 행복도 오직 선물로만 주어진다. 이때 믿는 자는 삶에 대한 의무가 고통이 아니라 기쁨이요 선물이라는 것을 깨닫게 된다.

---

128) 위의 책, p. 38.